Código de Organização Judiciária do Estado do Rio Grande do Sul

CB057356

0997

R585c Rio Grande do Sul
        [Leis, etc.]
        Código de Organização Judiciária do Estado do Rio Grande
        do Sul: Lei nº 7.356 de 1º.2.1980: 12. ed. – Porto Alegre:
        Livraria do Advogado Ed., 2005.
        117p.; 14 x 21 cm. — (Legislação do Advogado, 4)
        ISBN 85-7348-351-2

        Inclui índice analítico.

        I. Título. II. Série. 1. Organização judiciária : Rio Grande
        do Sul. 2. Tribunal de Justiça : Rio Grande do Sul.

        Índices alfabéticos

        Organização judiciária : Rio Grande do Sul   347.97/.99(816.5)(094.7)
        Tribunal de Justiça : Rio Grande do Sul   347.97/.99(816.5)

        (Bibliotecária responsável: Marta Roberto, CRB-10/652)

LEGISLAÇÃO DO ADVOGADO 4

Código de Organização Judiciária do Estado do Rio Grande do Sul

Lei nº 7.356 de 1º.2.1980

12ª EDIÇÃO ATUALIZADA
ATÉ A LEI Nº 11.984 DE 09.10.2003

COM ÍNDICE ANALÍTICO

livraria
DO ADVOGADO
editora

Coleção *Legislação do Advogado*
Volume 4

Projeto gráfico e composição de
Livraria do Advogado Editora

Pedidos para
Livraria do Advogado Ltda.
Rua Riachuelo 1338
90010-273 Porto Alegre RS
Fone/Fax: (51) 3225-3311
E-mail: livraria@doadvogado.com.br
Internet: www.doadvogado.com.br

Impresso no Brasil / Printed in Brazil

Sumário

LIVRO I - Da Justiça Comum

TÍTULO I - Da Divisão Judiciária	9
TÍTULO II - Da Organização Judiciária	10
Capítulo I - Dos Órgãos Judiciários	10
Capítulo II - Da composição e competência dos Órgãos Judiciários	11
Seção I - Do Tribunal de Justiça	11
Seção II - Do Tribunal Pleno	11
Seção III - Das Seções Cível e Criminal	12
Subseção I - Da Seção Cível	12
Subseção II - Das Turmas Especializadas	12
Subseção III - Da Seção Criminal	12
Subseção IV - Dos Grupos Criminais	13
Subseção V - Dos Grupos Cíveis	13
Seção IV - Das Câmaras Separadas	13
Subseção I - Das Câmaras Cíveis Separadas	13
Subseção II - Das Câmaras Criminais Separadas	14
Subseção III - Das Câmaras de Especiais	14
Capítulo III - Dos órgãos de direção e fiscalização do Tribunal de Justiça	14
Seção I - Da Presidência do Tribunal de Justiça	14
Seção II - Da Vice-Presidência do Tribunal de Justiça	14
Seção III - Do Conselho da Magistratura	15
Seção IV - Da Corregedoria-Geral da Justiça	16
Capítulo IV	
Seção I - Toda a seção foi REVOGADA pela Lei nº 11.133/98	17
Capítulo V - Do Tribunal do Júri	18
Capítulo VI - Dos Juízes de Direito	18
Capítulo VII - Dos Pretores	30
Capítulo VIII - Dos Juízes de Paz	32
TÍTULO III - Dos serviços auxiliares da justiça	32
Capítulo I - Da classificação	32
Capítulo II - Das categorias e classes funcionais dos Servidores da Justiça	33

Seção I - Dos Servidores do Foro Judicial	34
Seção II - Dos Servidores do Foro Extrajudicial	34
Capítulo III - Da organização e atribuições dos Servidores do Foro Judicial	35
Seção I - Da organização	35
Seção II - Das atribuições	35
Subseção I - Dos Escrivães	35
Subseção II - Dos distribuidores	37
Subseção III - Dos Contadores Judiciários	38
Subseção IV - Dos Oficiais Ajudantes	38
Subseção V - Dos Oficiais Escreventes	38
Subseção VI - Dos Atendentes Judiciários	39
Subseção VII - Dos Oficiais de Justiça	39
Subseção VIII - Dos Comissários de Menores	39
Subseção IX - Dos Comissários de Vigilância	40
Subseção X - Dos depositários	40
Subseção XI - Dos Assistentes Sociais Judiciários	40
Subseção XII - Dos Avaliadores	40
Capítulo IV - Da organização e atribuições do Foro Extrajudicial	41
Seção I - Da organização	41
Seção II - Das atribuições	41
Subseção I - Dos Tabeliães	41
Subseção II - Dos Oficiais do Registro de Imóveis	43
Subseção III - Dos Oficiais do Registro Civil de Pessoas Naturais	43
Subseção IV - Dos Oficiais do Registro Civil de Pessoas Jurídicas	43
Subseção V - Dos Oficiais do Registro de Títulos e Documentos e Protestos Cambiais	43
Subseção VI - Dos Oficiais dos Registros Públicos	44
Subseção VII - Dos Oficiais dos Registros Especiais	44
Subseção VIII - Dos Oficiais Distritais e dos Ofícios de Sede Municipal	44
Subseção IX - Dos demais Servidores do Foro Extrajudicial	44
Subseção X - Disposições gerais	45
TÍTULO IV - Dos impedimentos e incompatibilidades	45
Capítulo I - Quanto aos Servidores	46
TÍTULO V - Do funcionamento dos Órgãos Judiciários de Primeira Instância	47
Capítulo I - Do expediente	47
Capítulo II - Da distribuição	48
Capítulo III - Das audiências	50
Capítulo IV - Das férias	52
Seção I - Das férias do Tribunal de Justiça	52

Seção II - Das férias forenses 52
Seção III - Das férias dos Juízes 52
Seção IV - Das férias dos Servidores 53
TÍTULO VI - Da correição parcial 53
TÍTULO VII - Disposições diversas 54
TÍTULO VIII - Disposições finais e transitórias 55
Capítulo I - Disposições finais 55
Capítulo II - Disposições transitórias 60

LIVRO II - da Justiça Militar

TÍTULO I - Da Divisão Judiciária 61

TÍTULO II - Da Organização Judiciária 61
Capítulo I - Dos Órgãos Judiciários 61
Capítulo II - Da composição e competência dos Órgãos
Judiciários Militares 61
Seção I - Da composição do Tribunal Militar 61
Seção II - Da competência do Tribunal 62
Seção III - Da substituição do Tribunal 64
Capítulo III - Dos órgãos de direção e fiscalização do Tribu-
nal Militar 65
Seção I - Da Presidência do Tribunal Militar 65
Seção II - Da Vice-Presidência do Tribunal 67
Seção III - Da Corregedoria-Geral da Justiça Militar 68
Capítulo IV - Disposições comuns 68
Capítulo V - Da organização e competência dos Conselhos de
Justiça 68
Seção I - Da organização dos Conselhos de Justiça 68
Seção II - Da competência dos Conselhos de Justiça 71
Seção III - Da Presidência dos Conselhos de Justiça 72
Capítulo VI - Das auditorias 73
Seção única 73
Capítulo VII - Dos Juízes-Auditores 73
Seção I - Da carreira de Juiz-Auditor 73
Seção II - Da competência dos Juízes-Auditores 74
Capítulo VIII - Da competência dos Juízes-Auditores Substitutos 76
Seção única 76
Capítulo IX - Do Ministério Público 76
Seção única 76
Capítulo X - Da Assistência Judiciária Oficial 76
Seção I - 76
Seção II - Das atribuições dos Assistentes Judiciários 77
Capítulo XI - Dos serviços auxiliares da Justiça Militar 77
Seção única 77

Capítulo XII - Dos Escrivães e Oficiais Escreventes   78
Seção única   78
TÍTULO III - Das disposições diversas   80
Capítulo I - Do compromisso, posse e exercício   80
Seção única   80
Capítulo II - Das incompatibilidades   81
Seção única   81
Capítulo III - Das substituições   81
Seção única   81
Capítulo IV - Das licenças, férias e interrupções do exercício . .   82
Seção única   82
Capítulo V - Da disciplina judiciária   83
Seção única   83

TÍTULO IV
Capítulo único - Disposições finais e transitórias   84

Legislação Complementar
Lei nº 10.720, de 17.1.1996   85
Provimento nº 11/1996   94
Lei nº 10.780, de 7.5.1996   95
Lei nº 10.973, de 29.6.1997   97
Lei nº 11.053, de 12.12.1997   98
Lei nº 11.133, de 15.04.1998   99
Lei nº 11.419, de 6.1.2000   103
Lei nº 11.430, de 10.1.2000   104
Lei nº 11.442, de 18.1.2000   105
Lei nº 11.848, de 28.11.2002   107
Lei nº 11.984, de 09.10.2003   112

Índice analítico   113

LEI Nº 7.356, DE 1º DE FEVEREIRO DE 1980

LIVRO I - DA JUSTIÇA COMUM

Art. 1º - Este Código regula a divisão e a organização judiciária do Estado, compreendendo a constituição, estrutura, atribuições e competência dos Tribunais, Juízes e Serviços Auxiliares da Justiça.

TÍTULO I - DA DIVISÃO JUDICIÁRIA

Art. 2º - O território do Estado, para os efeitos da administração da Justiça comum, divide-se em distritos, municípios, comarcas e comarcas integradas.

§ 1º - Cada comarca, que será constituída de um ou mais municípios, terá a denominação do município onde estiver sua sede.

§ 2º - O Tribunal de Justiça, para os efeitos de comunicação de atos processuais e de realização de diligências e atos probatórios, poderá reunir duas ou mais comarcas para que constituam uma comarca integrada, desde que próximas as sedes municipais, fáceis as vias de comunicação e intensa a movimentação populacional entre as comarcas contíguas. O Conselho da Magistratura, por ato administrativo, disciplinará a matéria.

§ 3º - A comarca de Porto Alegre, para os efeitos da divisão judiciária e distribuição, compreende o Foro Centralizado e os Foros Regionais, estes com a competência prevista no art. 84, XIV e XV, e com jurisdição sobre a área delimitada por ato do Conselho da Magistratura.

§ 4º - Em cada comarca far-se-á, em livro próprio, o registro de sua instalação, da entrada em exercício e afastamento definitivo dos Juízes, bem como de outros atos relativos ao histórico da vida judiciária, enviando-se cópias dos atos ao Tribunal de Justiça.

Art. 3º - A criação de novas comarcas dependerá da ocorrência dos seguintes requisitos:

a) população mínima de vinte (20) mil habitantes, com cinco (5) mil eleitores na área prevista para a comarca;

b) volume de serviço forense equivalente, no mínimo, a trezentos (300) feitos, ingressados anualmente;

c) receita tributária mínima igual à exigida para a criação de municípios no Estado.

Parágrafo único - O desdobramento de juízos, ou a criação de novas varas, poderá ser feito por proposta do Tribunal de Justiça, quando superior a seiscentos (600) o número de processos ajuizados anualmente.

Art. 4º - As comarcas são classificadas em três entrâncias (Lei nº 8.838/89), de acordo com o movimento forense, densidade demográfica, rendas públicas, meios de transporte, situação geográfica e outros fatores sócio-econômicos de relevância.

§ 1º - A classificação das comarcas do Estado é a que consta do Quadro Anexo nº 1 (Lei nº 8.838/89), com a indicação dos municípios que as integram.

§ 2º - As comarcas de difícil provimento serão fixadas por ato do Conselho da Magistratura, fazendo jus à gratificação de 15% (quinze por cento) sobre o vencimento do seu cargo os magistrados no exercício da função (Lei nº 11.848/02).

§ 3º - O Conselho da Magistratura revisará anualmente, no primeiro trimestre, a lista das comarcas de difícil provimento, sem prejuízo da possibilidade de alteração a qualquer momento, havendo interesse da administração (Lei nº 11.848/02).

TÍTULO II - DA ORGANIZAÇÃO JUDICIÁRIA

Capítulo I - Dos Órgãos Judiciários

Art. 5º - São Órgãos do Poder Judiciário do Estado, além dos que integram a Justiça Militar (Lei n° 11.133/98):

I - o Tribunal de Justiça;
II - os Juízes de Direito;

III - o Tribunal do Júri;
IV - os juizados Especiais;
V - os Pretores;
VI - os Juízes de Paz.
Parágrafo único - A representação do Poder Judiciário compete ao Presidente do Tribunal de Justiça.

Capítulo II - Da composição e competência dos Órgãos judiciários

Seção I - Do Tribunal de Justiça

Art. 6º - O Tribunal de Justiça, constituído de cento e vinte e cinco (125) Desembargadores, com sede na Capital e jurisdição no território do Estado. Um quinto dos lugares do Tribunal será preenchido por advogados e membros do Ministério Público, nos termos da Constituição Federal (Leis nºs 8.967/89, 9.662/92, 10.780/96 e 11.133/98).

Art. 7º - São órgãos do Tribunal de Justiça (Lei 11.133/98):
I - o Tribunal Pleno
II - os Grupos de Câmaras Criminais e os Grupos de Câmaras Cíveis;
III - as Câmaras Separadas, Cíveis e Criminais e as Câmaras de Especiais (Art. 1º da Lei 11.442, de 11/01/2000);
IV - a Presidência e as Vice-Presidências;
V - o Conselho da Magistratura;
VI - a Corregedoria-Geral da Justiça.

Art. 8º - Divide-se o Tribunal em duas (2) Seções: Criminal e Cível (Leis nºs 9.662/92 e 11.133/98).

Parágrafo único - O Tribunal de Justiça funcionará, ordinária ou extraordinariamente, em Tribunal Pleno, Grupos Criminais, Grupos Cíveis e Câmaras Separadas, Cíveis ou Criminais (Leis nºs 9.159/90, 10.051/94 e 11.133/98).

Art. 9º - Compete ao Tribunal estabelecer em seu Regimento Interno a competência e o funcionamento dos respectivos órgãos jurisdicionais ou administrativos (art. 93, II da Constituição Estadual) (Lei nº 9.159/90).

Seção II - Do Tribunal Pleno

Art. 10 - O Tribunal Pleno, funcionando em Órgão Especial (Constituição Federal, art. 93, XI) é constituído por vinte e cinco (25)

Desembargadores, observada a ordem decrescente de antigüidade e respeitada, tanto quanto possível, a representação proporcional das seções especializadas e do quinto constitucional, conforme dispuser o Regimento Interno. As suas sessões serão presididas pelo Presidente do Tribunal e, no seu impedimento, sucessivamente, pelos Vice-Presidentes ou pelo Desembargador mais antigo.
Art. 11 - É indispensável a presença de, no mínimo, dezessete (17) membros para o funcionamento do Tribunal em Sessão Plenária.
Parágrafo único - Para os julgamentos a que se referem os incs. I, II e III, nº 1 e 2, *h*, bem como os incs. VIII e IX do artigo seguinte, o Tribunal deverá funcionar, no mínimo, com vinte (20) Desembargadores, substituídos, na forma prevista no Regimento Interno, os que faltarem ou estiverem impedidos (prejudicado em função da redação do artigo 12 da Lei nº 9.159/90).
Art. 12 - Ao Tribunal Pleno, além das competências previstas nas Constituições Federal e Estadual, cabe-lhe exercer as demais atribuições conferidas em lei e no Regimento Interno (Lei nº 9.159/90).
Art. 13 - Ao Tribunal Pleno, funcionando em Órgão Especial, compete-lhe exercer as atribuições conferidas em lei e no Regimento Interno (Lei nº 9.159/90).

Seção III - Das Seções Cível e Criminal

Subseção I - Da Seção Cível

Art. 14 - A Seção Cível é constituída pelos Grupos Cíveis e pelas Câmaras Cíveis Separadas, designados por números ordinais (Lei nºs 9.159/90 e 11.133/98).

Subseção II - Das Turmas Especializadas

Art. 15 - Revogado (Lei nº 11.133/98).
Art. 16 - Revogado (Lei nº 11.133/98).
Art. 17 - Revogado (Lei nº 11.133/98).

Subseção III - Da Seção Criminal

Art. 18 - A Seção Criminal é constituída pelos Grupos Criminais e pelas Câmaras Criminais Separadas, designados por números ordinais (Leis nºs 10.051/94 e 11.133/98).
Parágrafo único - A competência dos órgãos da seção criminal será definida no Regimento Interno (Lei nº 10.051/94).

Subseção IV - Dos Grupos Criminais

Art. 19 - Os Grupos Criminais são formados, por duas (2) Câmaras Criminais Separadas e, excepcionalmente, por três Câmaras (Lei nº 11.133/98).

Parágrago único - Exige-se, para seu funcionamento, a presença de, no mínimo, cinco (5) Julgadores, incluindo o Presidente (Lei nº 11.848/02).

Art. 20 - As sessões dos Grupos Criminais serão presididas pelo Desembargador mais antigo do Grupo, substituído, em suas faltas ou impedimentos, pelo Desembargador mais antigo presente (Lei nº 11.848/02).

Subseção V - Dos Grupos Cíveis

Art. 21 - Os Grupos Cíveis são formados, por duas (2) Câmaras Cíveis Separadas e, excepcionalmente, por três Câmaras (Lei nºs 8.967/89 e 11.133/98).

Parágrago único - Exige-se a presença de, no mínimo, cinco (5) Julgadores, incluindo o Presidente, para o funcionamento dos Grupos Cíveis (Lei nº 11.848/02).

Art. 22 - Revogado (Lei nº 11.133/98).

Art. 23 - As sessões dos Grupos Cíveis serão presididas pelo Desembargador mais antigo do Grupo, substituído, em suas faltas ou impedimentos, pelo Desembargador mais antigo presente (Lei nº 11.848/02).

Seção IV - Das Câmaras Separadas

Art. 24 - As Câmaras Separadas compõem-se de quatro (4) Desembargadores, dos quais apenas três (3) participarão do julgamento (Lei nº 9.159/90).

Art. 25 - Para completar o *quorum* mínimo de funcionamento da Câmara, no caso de impedimento ou falta de mais de dois (2) de seus membros, será designado Juiz de outra, pela forma prevista no Regimento Interno do Tribunal (Lei nº 9.159/90).

Subseção I - Das Câmaras Cíveis Separadas

Art. 26 - As Câmaras Cíveis Separadas são presididas pelo Desembargador mais antigo presente e podem funcionar com três (3) membros (Lei nº 9.159/90).

Subseção II - Das Câmaras Criminais Separadas

Art. 27 - As Câmaras Criminais Separadas são presididas pelo Desembargador mais antigo presente e podem funcionar com três (3) membros (Lei nº 9.159/90).

Art. 28 - A substituição dos Desembargadores, nas suas atividades jurisdicionais, far-se-á pela forma determinada no Regimento Interno do Tribunal.

Subseção III - Das Câmaras Especiais (Lei nº 11.442/00)

Art. 29 - Compete ao Tribunal Pleno, por assento regimental, instituir Câmara Especiais (art. 7º, III), fixando-lhe a composição, competência e normas de funcionamento (Assento Regimental nº 3/91 e arts. 25 a 35 do Regimento Interno do Tribunal de Justiça).

Capítulo III - Dos órgãos de direção e fiscalização do Tribunal de Justiça

Seção I - Da Presidência do Tribunal de Justiça

Art. 30 - A Presidência do Tribunal de Justiça é exercida por um (1) Desembargador, eleito por dois (2) anos, vedada a reeleição.

Parágrafo único - O mandato terá início no primeiro dia útil do mês de fevereiro.

Art. 31 - Vagando o cargo de Presidente, assumirá o 1º Vice-Presidente, que completará o período presidencial. Dentro de dez (10) dias, a contar da vaga, realizar-se-á a eleição dos demais Vice-Presidentes (Lei nº 11.133/98).

Parágrafo único - Se o prazo que faltar para completar o período for inferior a um ano, os novos Presidente e Vice-Presidentes poderão ser reeleitos para o período seguinte.

Art. 32 - Ao Presidente do Tribunal de Justiça, além da atribuição maior de representar o Poder Judiciário, de exercer a suprema inspeção da atividade de seus pares, de supervisionar todos os serviços de 2º grau, compete-lhe exercer outras atribuições que lhe sejam conferidas em lei e no Regimento Interno (Lei nº 9.159/90).

Seção II - Das Vice-Presidências do Tribunal de Justiça

Art. 33 - Juntamente com o Presidente e logo após a eleição deste, serão eleitos, pelo mesmo processo e prazo, os Vice-Presidentes do Tribunal de Justiça, vedada a reeleição.

Parágrafo único - A posse dos Vice-Presidentes dar-se-á na mesma sessão em que for empossado o Presidente.

Art. 34 - Compete ao 1º Vice-Presidente, além de substituir o Presidente nas faltas e impedimentos e suceder-lhe no caso de vaga, exercer outras atribuições que lhe sejam conferidas por lei ou Regimento Interno (Lei nº 9.159/90).

Art. 35 - A regra do artigo anterior, na ordem sucessiva, aplica-se ao 2º e 3º Vice-Presidentes (Leis nº 11.848/02).

Art. 36 - O 3º Vice-Presidente, nas faltas e impedimentos, será substituído por qualquer dos outros Vice-Presidentes (Lei nº 11.848/02).

Seção III - Do Conselho da Magistratura

Art. 37 - O Conselho da Magistratura, órgão maior de inspeção e disciplina na primeira instância, e de planejamento da organização e da administração judiciárias em primeira e segunda instâncias, compõem-se dos seguintes membros:

a) Presidente do Tribunal de Justiça, que o presidirá;

b) Vice-Presidentes do Tribunal de Justiça; (Lei nº 11.430/00)

c) Corregedor-Geral da Justiça; (Lei nº 11.848/02)

d) dois Desembargadores eleitos, em escrutínio secreto, pelo Órgão Especial, preferentemente dentre Desembargadores que não o integrem.

§ 1º - O mandato dos membros do Conselho é obrigatório e sua duração é de dois (2) anos, vedada a reeleição.

§ 2º - Com os titulares, referidos na alínea deste artigo, serão eleitos os respectivos suplentes, que os substituirão em suas faltas, licenças ou impedimentos.

§ 3º - O Presidente, nas votações, terá voto de qualidade.

§ 4º - Os Presidentes das Comissões do Tribunal, quando presentes às reuniões do Conselho da Magistratura, terão voz nos assuntos de competência das respectivas Comissões.

Art. 38 - Ao Conselho da Magistratura, além de exercer a suprema inspeção e manter a disciplina na primeira instância, compete-lhe as atribuições que lhes sejam conferidas por lei e norma regimental (Lei nº 9.159/90).

Art. 39 - Em casos especiais, e por tempo determinado, prorrogável a critério do Órgão, poderá o Conselho declarar qualquer comarca ou vara em regime de exceção, designando um ou mais Juízes para exercerem cumulativamente com o titular, a jurisdição da comarca ou vara.

§ 1º - Os feitos acumulados serão redistribuídos de conformidade com o que determinar o Corregedor-Geral da Justiça.

§ 2º - Nas comarcas providas de mais de uma vara, o Corregedor-Geral da Justiça poderá determinar a temporária sustação, total ou parcial, da distribuição de novos feitos a varas em regime de exceção, ou sob acúmulo de serviços.

Seção IV - Da Corregedoria-Geral da Justiça

Art. 40 - A Corregedoria-Geral da Justiça, órgão de fiscalização, disciplina e orientação administrativa, com jurisdição em todo o Estado, será presidida por um Desembargador, com o título de Corregedor-Geral da Justiça, auxiliados por Juízes-Corregedores (Lei nº 11.848/02).

§ 1º - O Corregedor-Geral, eleito pelo prazo previsto para o mandato do Presidente (art. 30), ficará afastado de suas funções ordinárias, salvo como vogal perante o Tribunal Pleno (Lei nº 11.848/02).

§ 2º - O mandato é obrigatório, vedada a reeleição.

Art. 41 - O Corregedor-Geral da Justiça será substituído em suas férias, licenças e impedimentos, pelo Desembargador que se lhe seguir em ordem de antigüidade, excluídos os que exercem funções administrativas no Tribunal ou que exercem funções no Tribunal Regional Eleitoral (Lei nº 11.848/02).

Parágrafo único - Revogado (Lei nº 11.848/02).

Art. 42 - Se o Corregedor-Geral deixar a função, proceder-se-á a eleição de novo titular, que completará o período.

Parágrafo único - Se o prazo que faltar para completar o período for inferior a um ano, o novo Corregedor-Geral poderá ser reeleito para o período seguinte.

Art. 43 - O Corregedor-Geral será auxiliado por Juízes-Corregedores, em número não superior a dezesseis (16) que, por delegação, exercerão suas atribuições relativamente aos Juízes em exercício na primeira instância e servidores da Justiça (Leis nºs 9.266/91, 9.460/91 e 10.973/97).

§ 1º - Os Juízes-Corregedores serão obrigatoriamente Juízes de Direito de entrância final e designados pelo Presidente do Tribunal, ouvido o Conselho da Magistratura, por proposta do Corregedor-Geral.

§ 2º - A designação dos Juízes-Corregedores será por tempo indeterminado, mas considerar-se-á finda com o término do mandato do Corregedor-Geral, e, em qualquer caso, não poderão os mesmos servir por mais de quatro (4) anos.

§ 3º - Os Juízes-Corregedores, uma vez designados, ficam desligados das varas, se forem titulares, passando a integrar o quadro dos serviços auxiliares da Corregedoria, na primeira instância.

§ 4º - Os Juízes-Corregedores, findo o mandato do Corregedor-Geral, ou em razão de dispensa ou do término do período de quatro (4) anos, terão preferência na classificação nas varas da comarca da Capital e, enquanto não se classificarem, atuarão como Juízes de Direito Substitutos de entrância final.

§ 5º - Revogado (Lei nº 8.638/88).

Art. 44 - Ao Corregedor-Geral, além da incumbência da correição permanente dos serviços judiciários de primeira instância, zelando pelo bom funcionamento da Justiça, compete exercer as atribuições deferidas em lei e no Regimento Interno do Tribunal de Justiça (Lei nº 9.159/90).

Art. 45 - Das decisões originárias do Corregedor-Geral, salvo disposição em contrário, cabe recurso para o Conselho da Magistratura, no prazo de cinco (5) dias, a partir do conhecimento da decisão pelo interessado.

Capítulo IV

Seção I - Do Tribunal de Alçada
(Toda Seção revogada pela Lei nº 11.133/98).

Art. 46 - Revogado (Lei nº 11.133/98).
Art. 47 - Revogado (Lei nº 11.133/98).
Art. 48 - Revogado (Lei nº 11.133/98).
Art. 49 - Revogado (Lei nº 11.133/98).
Art. 50 - Revogado (Lei nº 11.133/98).
Art. 51 - Revogado (Lei nº 11.133/98).
Art. 52 - Revogado (Lei nº 9.420/91).
Art. 53 - Revogado (Lei nº 11.133/98).
Art. 54 - Revogado (Lei nº 9.420/91).
Art. 55 - Revogado (Lei nº 9.420/91).
Art. 56 - Revogado (Lei nº 11.133/98).
Art. 57 - Revogado (Lei nº 9.420/91).
Art. 58 - Revogado (Lei nº 9.420/91).
Art. 59 - Revogado (Lei nº 11.133/98).
Art. 60 - Revogado (Lei nº 9.420/91).

Art. 61 - Revogado (Lei nº 9.420/91).
Art. 62 - Revogado (Lei nº 9.420/91).
Art. 63 - Revogado (Lei nº 11.133/98).
Art. 64 - Revogado (Lei nº 9.420/91).
Art. 65 - Revogado (Lei nº 11.133/98).
Art. 66 - Revogado (Lei nº 11.133/98).
Art. 67 - Revogado (Lei nº 11.133/98).
Art. 68 - Revogado (Lei nº 11.133/98).

Capítulo V - Do Tribunal do Júri

Art. 69 - Na sede de cada comarca funcionará um Tribunal do Júri, com a organização e as atribuições estabelecidas em lei com jurisdição em todo seu território.

Art. 70 - O Tribunal do Júri, em reuniões ordinárias, reunir-se-á:

I - na Comarca de Porto Alegre, mensalmente, de fevereiro a dezembro;

II - na sede das demais comarcas, nos meses de março, maio, julho, setembro, novembro e dezembro.

§ 1º - Quando, por motivo de força maior, não for convocado o Júri na época determinada, a reunião efetuar-se-á no mês seguinte.

§ 2º - No caso do parágrafo anterior, o Juiz mandará notificar as partes e tornará público, por edital, a não realização da reunião na época prevista.

§ 3º - Nas comarcas do interior do Estado, o sorteio dos jurados far-se-á até quinze (15) dias antes da data designada para instalação dos trabalhos, sendo que, na Capital, este prazo será de dez (10) dias.

Art. 71 - Em circunstâncias excepcionais, o Júri reunir-se-á, extraordinariamente, por iniciativa do Juiz de Direito ou por determinação dos Grupos Criminais ou Câmaras Separadas, de ofício ou por provocação do interessado.

Capítulo VI - Dos Juízes de Direito

Art. 72 - A jurisdição da comarca será exercida por Juiz de Direito.

Art. 73 - Aos Juízes de Direito compete:

I - a jurisdição do Júri e, no exercício dela:

a) organizar o alistamento dos jurados e proceder, anualmente, à sua revisão;

b) instruir os processos da competência do Júri, pronunciando, impronunciando ou absolvendo, sumariamente, o réu;

c) presidir o Tribunal do Júri, exercendo as atribuições estabelecidas na respectiva legislação;

d) admitir ou não os recursos interpostos de suas decisões e das do Tribunal do Júri, dando-lhes o seguimento legal;

e) decidir, de ofício ou por provocação, os casos de extinção da punibilidade nos processos da competência do Júri;

f) remeter ao órgão da Fazenda pública do Estado certidão das atas das sessões do Júri, para a inscrição e cobrança de multa imposta a jurados faltosos, após decididas, as justificações e reclamações apresentadas;

II - a jurisdição criminal, em geral, e, especialmente:

a) o processo e julgamento dos funcionários públicos nos crimes de responsabilidade, bem como os daqueles delitos ou infrações que, segundo lei especial, sejam de sua competência privativa;

b) a execução das sentenças do Tribunal do Júri e das que proferir;

c) resolver sobre os pedidos de concessão de serviço externo a condenados e cassar-lhes o benefício; ordenar a fiscalização do cumprimento das condições impostas aos beneficiados por suspensão condicional da pena e por livramento condicional, e aos sentenciados sujeitos a penas restritivas de direitos;

d) remeter, mensalmente, à Vara das Execuções Criminais, na Capital do Estado, fichas individuais dos apenados, após o trânsito em julgado das sentenças criminais;

e) proceder ou mandar proceder a exame de corpo de delito, sem prejuízo das atribuições da autoridade policial;

f) fiscalizar, periodicamente, os presídios e locais de prisão, mantidos ou administrados pelo Estado para verificar a situação dos detidos, tomando as providências à soltura dos que se encontrarem detidos ou recolhidos ao arrepio da lei e para a apuração das responsabilidades pelas prisões ilegais;

III - processar e julgar:

a) a justificação de casamento nuncupativo; as impugnações à habilitação e celebração do casamento; o suprimento de licença para sua realização, bem como o pedido de autorização para o casamento, na hipótese do art. 214, do Código Civil;

b) as causas de nulidade ou de anulação de casamento, separação judicial e divórcio;
c) as ações de investigação de paternidade;
d) as causas de interdição e quaisquer outras relativas ao estado e capacidade das pessoas;
e) as ações concernentes ao regime de bens do casamento, ao dote, aos bens parafernais e às doações antenupciais;
f) as causas de alimentos e as relativas à posse e guarda dos filhos menores, quer entre os pais, quer entre estes e terceiros, e as de suspensão, extinção ou perda do pátrio poder;
g) as nomeações de curadores, tutores e administradores provisórios, nos casos previstos nas alíneas *d* e *f* deste inciso; exigir-lhes garantias legais; conceder-lhes autorização quando necessário; tomar-lhes conta, removê-los ou destituí-los;
h) o suprimento de outorga de cônjuges e a licença para alienação, oneração ou sub-rogação de bens;
i) as questões relativas à instituição e extinção do bem de família;
j) todos os atos de jurisdição voluntária e necessária à proteção da pessoa dos incapazes ou à administração de seus bens;
l) os feitos referentes às ações principais, especificadas neste inciso, e todos os que deles derivarem ou forem dependentes;
m) as causas de extinção do pátrio poder nos casos previstos em lei;
IV - processar e julgar;
a) os inventários e arrolamentos; as arrecadações de bens de ausentes ou vagos e de herança jacente; a declaração de ausência; a posse em nome do nascituro; a abertura, a homologação e o registro de testamentos ou codicilos; as contas dos inventariantes e testamenteiros; a extinção de fideicomisso;
b) as ações de petição de herança, as de partilha e de sua nulidade; as de sonegação, de doação inoficiosa, de colação e quaisquer outras oriundas de sucessão legítima ou testamentária;
c) os feitos referentes às ações principais, especificadas neste inciso, e todos os que delas derivarem ou forem dependentes;
V - processar e julgar:
a) as ações de acidente do trabalho;
b) as ações fundadas na legislação do trabalho, nos locais em que as Juntas de Conciliação e Julgamento não tiverem jurisdição;
c) os feitos a que alude o § 3º do art. 125 da Constituição da República Federativa do Brasil, sempre que a comarca não seja sede de vara do Juízo Federal;

VI - processar e julgar os pedidos de restauração, de extinção de usufruto, de suprimento, retificação, nulidade e cancelamento de registros públicos; a especialização de bens em hipoteca legal ou judicial; os feitos referentes às ações principais constantes deste inciso e todos os que delas derivarem ou forem dependentes;
VII - resolver as dúvidas suscitadas pelos servidores da Justiça, nas matérias referentes às suas atribuições, e tudo quando disser respeito aos serviços dos registros públicos; ordenar a realização de todos os atos concernentes aos registros públicos que não possam ser praticados de ofício;
VIII - exercer atividade administrativa e disciplinar sobre os ofícios extrajudiciais, sem prejuízo das atribuições do Juiz Diretor do Foro;
IX - exercer as atribuições constantes da Legislação Especial de Menores, incumbindo-lhe, especialmente, adotar todas as medidas protetivas relativamente aos menores sob sua jurisdição;
X - processar e julgar os pedidos de legitimação adotiva;
XI - processar e julgar:
a) as falências e concordatas;
b) os feitos de natureza civil e comercial não especificados nos incisos anteriores;
c) os feitos atinentes às fundações;
XII - cumprir cartas rogatórias, em geral, e cartas precatórias da Justiça Militar e da Federal, nas comarcas em que estas não tenham Órgãos próprios;
XIII - requisitar, quando necessários, autos e livros fiscais recolhidos ao Arquivo Público;
XIV - exercer, salvo em Porto Alegre, as atribuições definidas na legislação federal, atinentes ao registro de firmas e razões comerciais e ao comércio de estrangeiros;
XV - exercer o direito de representação e impor a pena disciplinar, quando couber, nos termos do art. 121, da Lei Federal nº 4.215, de 27.04.63;
XVI - aplicar as penas referidas no art. 74, inc. IX, alínea *e*;
XVII - remeter, mensalmente, ao Corregedor-Geral da Justiça, relação dos processos conclusos para sentença, dos julgados e dos que ainda se acharem em seu poder;
XVIII - exercer outras atribuições que lhes sejam conferidas em lei ou regulamento;
§ 1º - Nas comarcas onde houver mais de uma vara, qualquer Juiz criminal tem competência para conhecer de pedidos de *ha-*

beas-corpus fora das horas de expediente, fazendo-se, oportunamente, a compensação na distribuição.

§ 2º - Ao Juiz com competência na Vara das Execuções Criminais, em cuja comarca exista prisão que mantenha, em cumprimento de pena, réus oriundos de outras comarcas, competirão também quanto a estes as atribuições e a jurisdição previstas neste Código, ressalvado o caso do art. 84, XIII e as previstas no Código de Processo Penal.

Art. 74 - Aos Juízes de Direito, no exercício da Direção do Foro, compete privativamente:

I - apreciar os pedidos de homologação de acordos extrajudiciais, independentemente de prévia distribuição e de termo, para constituição de título executivo judicial (Lei Federal nº 7.244, de 07.11.84, art. 55);

II - designar, quando for o caso, servidor para substituir o titular de outro serviço ou função ou para exercer, em regime de exceção, as atribuições que lhes forem conferidas;

III - organizar a escala de substituição dos Juízes de Paz, dos Oficiais de Justiça e, ainda, dos Escrivães que, fora do expediente normal, devam funcionar nos pedidos de *habeas corpus*;

IV - abrir, numerar, rubricar e encerrar os livros de folhas soltas dos ofícios da Justiça, proibido o uso de chancela; nas comarcas providas de mais de uma vara, esta atribuição competirá a todos os Juízes, mediante distribuição;

V - visar os livros e autos findos que devam ser recolhidos ao Arquivo Público;

VI - tomar quaisquer providências de ordem administrativa, relacionadas com a fiscalização, disciplina e regularidade dos serviços forenses, procedendo, pelo menos anualmente, à inspeção nos cartórios;

VII - requisitar, aos órgãos policiais, licenças para porte de arma, destinadas aos serviços da Justiça;

VIII - cumprir as diligências solicitadas pelas Comissões Parlamentares de Inquérito, desde que autorizadas pelo Presidente do Tribunal de Justiça;

IX - atender ao expediente forense e administrativo e, no despacho dele:

a) mandar distribuir petições iniciais, inquéritos, denúncias, autos, precatórias, rogatórias e quaisquer outros papéis que lhes forem encaminhados e dar-lhes o destino que a lei indicar;

b) rubricar os balanços comerciais na forma da Lei de Falências;

c) expedir alvará de folha-corrida, observadas as prescrições legais;

d) praticar os atos a que se referem as leis e regulamentos sobre serviços de estatística;

e) aplicar, quando for o caso, aos Juízes de Paz e servidores da Justiça, as penas disciplinares cabíveis;

f) gerir as verbas que forem autorizadas à comarca, destinadas despesas pequenas de pronto pagamento e gastos com material de consumo, serviços e outros encargos, prestando contas à autoridade competente;

X - processar e julgar os pedidos de Justiça gratuita, formulados antes de proposta a ação;

XI - designar servidor da Justiça para conferir e consertar traslados de autos para fins de recurso;

XII - dar posse, deferindo o compromisso, aos Juízes de Paz, suplentes e servidores da Justiça da comarca, fazendo lavrar ata em livro próprio;

XIII - atestar, para efeito de percepção de vencimentos, a efetividade própria e a dos Juízes de Direito das demais varas, dos Pretores e dos servidores da Justiça da comarca;

XIV - indicar para efeito de nomeação, Juízes de Paz e suplentes, por intermédio do Tribunal de Justiça;

XV - conceder férias aos servidores da Justiça, justificar-lhes as faltas, decidir quanto aos pedidos de licença, até trinta (30) dias por ano e informar os de maior período;

XVI - expedir provimentos administrativos;

XVII - requisitar o fornecimento de material de expediente, móveis e utensílios necessários ao serviço judiciário;

XVIII - determinar o inventário dos objetos destinados aos serviços da Justiça da comarca, fazendo descarregar os imprestáveis e irrecuperáveis, com a necessária comunicação ao Órgão incumbido do tombamento dos bens do Poder Judiciário;

XIX - propor a aposentadoria compulsória dos Juízes de Paz e dos servidores da Justiça;

XX - requisitar por conta da Fazenda do Estado, passagens e fretes nas empresas de transporte para servidores da Justiça, em objeto de serviço, bem como para réus ou menores que devam ser conduzidos;

XXI - comunicar, imediatamente, à Corregedoria-Geral da Justiça, a vacância de cargos ou serventias da Justiça;

XXII - remeter, anualmente, no primeiro trimestre, ao Conselho da Magistratura, relatório do movimento forense e da vida

funcional dos servidores da Justiça na comarca, instruindo-o com mapas fornecidos pelos cartórios;
XXIII - solicitar, ao Conselho da Magistratura, a abertura de concursos para o provimento dos cargos de Justiça da comarca, presidindo-os;
XXIV - nomear servidor *ad hoc* nos casos expressos em lei;
XXV - providenciar na declaração de vacância de cargos;
XXVI - opinar sobre o estágio probatório dos servidores, com antecedência máxima de cento e vinte (120) dias;
XXVII - opinar sobre pedido de licença de servidores para tratar de interesses particulares e concedê-la até trinta (30) dias, em caso de urgência, justificando a concessão perante o Presidente do Tribunal de Justiça;
XXVIII - cassar licença que haja concedido;
XXIX - verificar, mensalmente, o cumprimento de mandados, rubricando o livro competente;
XXX - comunicar ao Conselho da Magistratura a imposição de pena disciplinar;
XXXI - presidir as Comissões de Inquérito, quando designado, e proceder a sindicâncias;
XXXII - fiscalizar os serviços da Justiça, principalmente a atividade dos servidores, cumprindo-lhe coibir que:
a) residam em lugar diverso do designado para sede de seu ofício;
b) se ausentem, nos casos permitidos em lei, sem prévia transmissão do exercício do cargo ao substituto legal;
c) se afastem do serviço, durante as horas de expediente;
d) descurem a guarda, conservação e boa ordem que devem manter com relação aos autos, livros e papéis a seu cargo, onde não deverão existir borrões, rasuras, emendas e entrelinhas não ressalvados;
e) deixem de tratar com urbanidade as partes ou de atendê-las com presteza e a qualquer hora, em caso de urgência;
f) recusem aos interessados, quando solicitarem, informações sobre o estado e andamento dos feitos, salvo nos casos em que não lhes possam fornecer certidões, independentemente de despacho;
g) violem o sigilo a que estiverem sujeitas as decisões ou providências;
h) omitam a cota de custas ou emolumentos à margem dos atos que praticarem, nos próprios livros ou processos e nos papéis que expedirem;

i) cobrem emolumentos excessivos, ou deixem de dar recibo às partes, quando se tratar de cartório não oficializado, ainda que estas não o exijam, para o que devem manter talão próprio, com folhas numeradas;

j) excedam os prazos para a realização de ato ou diligência;

l) deixem de recolher ao Arquivo Público os livros e autos findos que tenham sido visados para tal fim;

m) neguem informações estatísticas que lhes forem solicitadas pelos Órgãos competentes e não remetam, nos prazos regulamentares, os mapas do movimento de seus cartórios;

n) deixem de lançar em carga, no protocolo, os autos entregues a Juiz, Promotor ou advogado;

o) freqüentem lugares onde sua presença possa afetar o prestígio da Justiça;

p) pratiquem, no exercício da função ou fora dela, atos que comprometam a dignidade do cargo;

q) neglicenciem, por qualquer forma, no cumprimento dos deveres do cargo;

XXXIII - efetuar, de ofício ou por determinação do Corregedor-Geral, a correição nos serviços da comarca, da qual remeterá relatório à Corregedoria, juntamente com os provimentos baixados, depois de lavrar, no livro próprio, a súmula de suas observações, sem prejuízo das inspeções anuais que deverá realizar;

XXXIV - solucionar consultas, dúvidas e questões propostas por servidores, fixando-lhes orientação no tocante à escrituração de livros, execução e desenvolvimento dos serviços, segundo as normas gerais estabelecidas pela Corregedoria-Geral da Justiça;

XXXV - conhecer e decidir sobre a matéria prevista no inciso VII, primeira parte, do artigo anterior;

XXXVI - exercer outras atribuições que lhes forem conferidas em lei ou regulamento.

Parágrafo único - O Juiz de Direito Diretor do Foro poderá delegar parte das atribuições acima previstas a outro Magistrado. A delegação, acompanhada de concordância do Magistrado Indicado, será submetida ao Corregedor-Geral da Justiça (Lei nº 10.720/96).

Art. 75 - Nas comarcas providas de duas (2) ou mais varas, competirá ao Conselho da Magistratura, mediante prévia indicação do Corregedor-Geral da Justiça, designar, anualmente, o Juiz que exercerá a Direção do Foro, permitida a recondução. Essa designação poderá ser alterada a qualquer tempo, considerados a conveniência do serviço e o interesse do Poder Judiciário.

§ 1º - Esgotado o prazo a que se refere este artigo, o Juiz prosseguirá no exercício da função até ser reconduzido ou substituído.

§ 2º - Ao Juiz designado para a Direção do Foro competem as atribuições previstas no art. 74, além das que pertencerem, especificamente, à vara de que for titular.

§ 3º - Nas comarcas com duas (2) ou mais varas, a atribuição de realizar inspeções e correições, nos respectivos cartórios (art. 74, VI e XXXIII), competirá também aos Juízes que estiverem na sua jurisdição, reunindo-se as atas na Direção do Foro, para as anotações no livro próprio e remessa dos relatórios à Corregedoria-Geral.

Art. 76 - Nas comarcas providas de duas (2) varas, entre elas, serão distribuídos todos os feitos, cabendo, privativamente:

I - ao Juiz da 1ª Vara, com as atribuições do art. 73, inc. I, e as Execuções Criminais, com as atribuições das alíneas *a, b, c, d* e *f* do inc. II do art. 73, e da alínea *b* do inc. XIII do art. 84;

II - ao Juiz da 2ª Vara, a jurisdição de menores, com as atribuições do inc. IX do art. 73.

Art. 77 - Nas comarcas providas de três (3) Varas, observado o disposto no artigo anterior, cabe privativamente:

I - ao Juiz da 1ª Vara, a jurisdição do Júri, com as atribuições do art. 73, inc. I;

II - ao Juiz da 2ª Vara, a jurisdição de menores, com as atribuições do inc. IX do art. 73;

III - ao Juiz da 3ª Vara, as execuções criminais, com as atribuições das alíneas *a, b, c* e *d* do inc. II do art. 73, e da alínea b do inc. XIII do art. 84.

Art. 78 - Salvo disposição especial, quando a Comarca for provida de quatro (4) Varas, duas (2) se denominarão Criminais e duas (2) Cíveis, numeradas, respectivamente, 1ª e 2ª, com as atribuições seguintes, além da distribuição respectiva da restante matéria criminal ou cível (Lei nº 11.419/00):

I - ao Juiz da 1ª Vara Criminal, as atribuições do art. 76, inc. I;

II - ao Juiz da 2ª Vara Criminal, as atribuições do art. 76, inc. III.

Art. 79 - Salvo disposição especial, nas comarcas providas de cinco (5) ou seis (6) Varas, a competência será assim distribuída:

I - 1ª e 2ª Varas Criminais e, se for o caso, a 3ª, com a jurisdição crime em geral;

II - 1ª, 2ª e 3ª Varas Cíveis e, se for o caso, a 4ª (Lei nº 9.880/93).

Parágrafo único - Ao Juiz da 1ª Vara Criminal compete, privativamente, as atribuições do art. 76, inc. I, e ao Juiz da 2ª Vara Criminal, as do mesmo artigo, inc. II.

Art. 80 - Salvo disposição especial, nas comarcas providas de sete (7) ou oito (8) Varas, a competência será assim distribuída:
I - 1ª, 2ª e 3ª Varas Criminais, com a jurisdição crime em geral;
II - 1ª, 2ª, 3ª e 4ª Varas Cíveis e, se for o caso, a 5ª, com a jurisdição cível em geral;
§ 1º - Ao Juiz da 1ª Vara Criminal compete, privativamente, a jurisdição do Júri (art. 73, I); ao Juiz da 2ª Vara, a jurisdição de menores e ao Juiz da 3ª Vara, a matéria referente às execuções criminais.
§ 2º - A matéria cível será distribuída, sem especificação, entre os Juízes das Varas Cíveis.

Art. 81 - Na comarca de Novo Hamburgo, haverá dez (10) Juízes de Direito, com a competência assim distribuída (Lei nº 9.880/93).
I - três (3) nas Varas Criminais;
II - seis (6) nas Varas Cíveis (Lei nº 9.880/93);
III - um (1) Juiz Substituto.

Art. 82 - Na comarca de Caxias do Sul haverá doze (12) Juízes de Direito, com a competência assim distribuída (Lei nº 9.880/93);
I - três (3) nas Varas Criminais, cabendo privativamente ao Juiz da 1ª Vara a jurisdição do Júri, menores e execuções criminais;
II - sete (7) nas Varas Cíveis, denominadas de 1ª a 7ª, com a jurisdição cível em geral (Lei nº 9.880/93);
III - um (1) na Vara de Família, com as atribuições do art. 73, inc. III;
IV - um (1) Juiz Substituto.

Art. 83 - Na comarca de Pelotas haverá quatorze (14) Juízes de Direito, com a competência assim distribuída (Lei nº 9.880/93):
I - um (1) na 1ª Vara Criminal, com a competência exclusiva do Júri, menores e execuções criminais;
II - três (3), nas Varas Criminais, denominadas de 2ª, 3ª e 4ª, com a competência criminal em geral;
III - seis (6), nas Varas Cíveis, denominadas de 1ª a 6ª, com a jurisdição cível em geral (Lei nº 9.880/93);
IV - dois (2), nas Varas de Família, com as atribuições do art. 73, inc. III;
V - dois (2) Juízes Substitutos.

Art. 84 - Na comarca de Porto Alegre, haverá cento e oitenta (180) Juízes de Direito, assim distribuídos (Lei nº 10.973/97):
* *O total de Cargos de Juiz de Direito de Entrância Final até a data de publicação da Lei nº 11.835/02 é de duzentos e dois (202).*

I - um (1) designado na forma do art. 75, para exercer a função de Diretor do Foro, com as atribuições previstas nos incs. I a XXXII, inclusive, do art. 74 e outras que lhe forem estabelecidas por ato do Conselho da Magistratura (Lei nº 10.050/94);

II - trinta e dois (32), nas Varas Cíveis, denominadas de 1ª a 16ª, com as atribuições do art. 73, inc. XI, letra *b*. (Lei nº 10.720/96)

* *A Lei nº 10.720/96 criou mais quatro (4) cargos de Juiz de Direito e mais duas (2) Varas Cíveis, denominadas de 17ª e 18ª.*

III - dois (2), na Vara de Falências e Concordatas, denominados de primeiro e segundo Juiz, com as atribuições do art. 73, inc. XI, letra *a*;

IV - oito (8), nas Varas de Família e Sucessões, denominadas de 1ª a 8ª, com as atribuições do art. 73, incs. III e IV;

V - dezesseis (16), nas Varas de Fazenda Pública, denominadas de 1ª a 8ª, com competência nos feitos em que for parte o Estado do Rio Grande do Sul e o Município de Porto Alegre, ou suas autarquias, empresas públicas e fundações de direito público, bem como naqueles em que forem partes outros municípios e suas entidades, quando ajuizados no Foro da Capital (Lei nº 8.840/93) (Lei nº 10.720/96) (Lei nº 11.984/03);

* *A Lei nº 10.720/96 criou mais dois (2) cargos de juiz de Direito e mais uma (1) Vara da Fazenda Pública, denominada de 7ª.*
A Lei nº 11.835 criu mais três (3) cargos de Juiz de Direito e mais uma (1) Vara da Fazenda Pública denominada de 8ª, bem como o 2º Juizado para as 6ª e 8ª Varas da Fazenda Pública.

VI - Revogado (Lei nº 7.607/81).

VII - um (1), na Vara de Acidentes do Trabalho, com as atribuições do art. 73, inc. V, bem como cumprir precatórias cíveis, ressalvado o disposto no art. 108;

VIII - um (1), na Vara dos Registros Públicos, com as atribuições do art. 73, inc. VI e VII;

IX - dois (2), na Vara de Menores, com jurisdição em todo o território do município de Porto Alegre, denominados de 1º e 2º Juiz, com atribuições do art. 73, inc. IX, distribuídas entre ambos e, especificamente, mais as seguintes (Lei nº 8.915/89):

* *A Lei nº 9.896/93 criou os Juizados Regionais da Infância e da Juventude. Transformou as Varas de Menores em 1º e 2º Juízos do Juizado Regional da Infância e da Juventude e criou o 3º Juízo do Juizado Regional da Infância e da Juventude e um (1) cargo de Juiz de Direito):*

a) ao 1º Juiz, a atividade administrativa;

b) ao 2º Juiz, a execução das sentenças proferidas pelos magistrados do interior do Estado, referentes a menores, quando ao internamento ocorrer em estabelecimento localizado na Capital;

X - quatorze (14), nas Varas Criminais, denominadas de 1ª a 14ª, com a competência criminal em geral, exceto as atribuições privativas, estabelecidas neste artigo (Lei nº 9.485/91).

XI - três (3) nas Varas de Acidentes de Trânsito, denominadas de 1ª, 2ª e 3ª, com competência criminal privativa;

Pela Resolução nº 259/98-CM, a Vara de Acidentes de Trânsito e os 1º e 2º Juizados Especiais Criminais de Trânsito foram transformados em Varas de Delitos de Trânsito, denominadas, respectivamente, 1ª, 2ª e 3ª, com competência para os delitos definitivos no Código Nacional de Trânsito, excetuados os que podem, em razão da pena máxima cominada, tramitar nos Juizados Especiais Criminais.

XII - quatro (4), nas 1ª e 2ª Varas do Júri, com as atribuições do art. 73, inc. I, cabendo privativamente ao 1º Juiz de cada vara as atribuições da letra *a*;

XIII - dois (2), na Vara das Execuções Criminais, e Corregedoria de Presídios, competindo-lhes:

a) exercer as atribuições do art. 73, inc. II, letra *b* e *c*, deste Código e as previstas no CPP, com relação aos sentenciados da Capital e aos do interior, recolhidos a estabelecimentos nela localizados e nas Penitenciárias do Jacuí, Mariante e Colônia Penal, ressalvada a competência do Presidente do Tribunal de Justiça;

b) inspecionar, periodicamente, os estabelecimentos mencionados na letra anterior, para fiscalizar o cumprimento das penas privativas de liberdade e das medidas de segurança;

c) realizar, pelo menos uma vez por mês, audiências em cada um dos estabelecimentos penitenciários à sua jurisdição, onde disporá de gabinete apropriado e em condução fornecida pela Corregedoria-Geral da Justiça;

XIV - doze (12) nas Varas Cíveis Regionais, com a jurisdição cível em geral, excetuada a privativa das Varas da Fazenda Pública, Falências e Concordatas, Acidentes de Trabalho, Registros Públicos e Menores;

* A Lei nº 10.720/96 criou mais dois (2) cargos de Juiz de Direito para as 1ª e 2ª Varas Cíveis do Foro Regional do 4º Distrito, criado pela Lei nº 10.866/96.

XV - nove (9) nas Varas Criminais Regionais, com a jurisdição crime em geral, excetuada a privativa das Varas do Júri, Execuções Criminais e de Acidentes de Trânsito (Lei nº 9.485/91);

* A Lei nº 10.780/96 criou mais dois (2) cargos de Juiz de Direito para Foro Regional do 4º Distrito, criado pela Lei nº 10.866/96.

XVI - dezesseis (16) com a designação de Juízes-Corregedores, nos serviços Auxiliares da Corregedoria (Lei nº 10.973/97);

XVII - trinta (30) Juízes Substitutos com as seguintes atribuições:

a) substituir os titulares das varas nos seus impedimentos, férias, licenças, ou ainda, em casos de vacância;

b) jurisdicionar, cumulativamente com o titular, a Vara submetida a regime de exceção;

c) julgar os processos que lhes forem redistribuídos quando não estiverem no exercício de substituição;

d) jurisdicionar o serviço de plantão (Resolução n° 83/93-CM, serviço de plantão).

* *A Lei n° 11.442/00 criou dezesseis (16) cargos de Juiz de Direito Substituto de Entrância Final.*

A Lei n° 9.442/91 criou sete (7) cargos de Juiz de Direito para os Juizados Especiais e de Pequenas Causas.

A Lei n° 10.867/96 criou quinze (15) cargos de Juiz de Direito para as Turmas Recursais.

A Lei n° 11.442/00 criou dezesseis (16) cargos de Juiz de Direito Substituto de Entrância Final.

A Lei n° 11.835/02 criou a Vara de Precatórias e o respectivo cargo de Juiz de Direito.

Art. 85 - Transitada em julgado a sentença condenatória, o Juiz determinará a remessa imediata dos autos ao Juizado de Execuções Criminais, passando, à disposição deste, os respectivos sentenciados. Igual providência tomará o Juiz do interior no que concerne aos apenados referidos na letra *a*, do inc. XIII, do art. 83, ficando, em cartório, traslado das peças essenciais referidas no art. 603, do CPP, dos autos remetidos.

Art. 86 - No caso de cumulação de pedidos da competência de Juízes de diferentes varas, prevalecerá, sobre a das Cíveis, a competência das varas privativas e, na concorrência destas, a preferência será regulada na seguinte ordem: feitos da Fazenda Pública e Família e Sucessões; a concorrência entre as Varas de Família e Sucessões e Menores, prevalecerá a competência da primeira.

Capítulo VII - Dos Pretores

Art. 87 - A competência dos Pretores limitar-se-á:

I - processar e julgar as seguintes causas cíveis, de valor não excedente a sessenta (60) vezes o salário mínimo, vigente à data de ajuizamento da demanda, ressalvadas as de competência dos Juízes de Direito (Lei nº 9.177/90) (Lei nº 11.984/03):

a) processos de conhecimento sob rito comum;

b) processos de execução por títulos extrajudiciais, previstos no art. 585, I e IV, do CPC;
c) ações de despejo de prédios urbanos e rurais;
d) ações de consignação em pagamento;
e) ações fundadas em contrato de alienação fiduciária;
f) processos de execução, processos cautelares e embargos de terceiro relacionados com as ações referidas nos itens anteriores;
II - processar inventários e arrolamentos de qualquer valor e julgar os de valor não superior a mil (1.000) salários mínimos, sempre ressalvado o exame de disposições testamentárias, questões de Estado ou qualquer matéria da alta indagação (Lei nº 9.177/90).
III - processar e julgar as contravenções, bem como os crimes a que sejam cominadas penas de detenção e ou multa;
IV - processar, até o encerramento da instrução, os crimes a que seja cominada pena de reclusão, quando a comarca ou vara estiver em regime de substituição;
V - executar as sentenças criminais que proferirem, salvo onde houver juízo privativo;
VI - arbitrar e conceder fianças nos feitos de sua competência;
VII - cumprir precatórias, salvo nos feitos de competência privativa do Juiz de Direito;
VIII - decidir os pedidos de gratuidade da Justiça nos feitos de sua competência;
IX - auxiliar o Juiz de Menores, conforme dispuser o Conselho da Magistratura;
X - proferir despachos de expediente, nas causas em geral, inclusive nas de valor superior ao referido nos incs. I e II, deste artigo, quando a comarca ou vara estiver em regime de substituição (Lei nº 9.177/90);
XI - autenticar, por delegação do Juiz de Direito, livros de ofícios judiciais e extrajudiciais;
XII - exercer, quando a comarca ou vara estiver em regime de substituição, atribuições administrativas, conforme dispuser provimento da Corregedoria-Geral da Justiça;
XIII - exercer atividade censória nos processos de sua competência.
Parágrafo único - O Conselho da Magistratura, por proposta da Corregedoria-Geral da Justiça, poderá estabelecer, nos limites da competência estabelecida no presente artigo, planos de trabalho, individuais ou coletivos, observadas as peculiaridades e necessidades da comarca ou vara.
Art. 88 - No caso de impedimento ou falta do Pretor, o Conselho da Magistratura disporá sobre sua respectiva substituição.

Capítulo VIII - Dos Juízes de Paz

Art. 89 - Em cada zona do registro civil e nos distritos, haverá um Juiz de Paz, a quem competirá presidir o ato do casamento civil.
§ 1º - O Juiz de Paz terá dois (2) suplentes, denominados de 1º e 2º.
§ 2º - Aos Juízes de Paz dos distritos rurais e das sedes de municípios sem serviços judiciários instalados, competirá também:
I - conciliar as partes que, expontaneamente, recorrem ao seu Juízo, vedada a cobrança de quaisquer custas ou emolumentos por esta intervenção;
II - nomear e compromissar Promotores *ad hoc* para oficiar nas habilitações de casamento, quando se fizer necessário.

TÍTULO III - DOS SERVIÇOS AUXILIARES DA JUSTIÇA

Capítulo I - Da classificação

Art. 90 - Os serviços Auxiliares da Justiça são constituídos pelos ofícios que integram o Foro Judicial e o Extrajudicial e, bem assim, o das Secretarias do Tribunal de Justiça (Lei nº 11.133/98).
Art. 91 - Os ofícios do Foro Judicial, pelos quais tramitam os processos de qualquer natureza, compreendem:
1º - Cartórios Privativos de Varas Criminais;
2º - Cartórios Privativos de Varas Cíveis;
3º - Cartórios Privativos de Varas Especializadas;
4º - Cartórios Judiciais não Privativos;
5º - Cartórios de Distribuição;
6º - Cartórios de Contadoria;
7º - Cartórios de Distribuição e Contadoria.
Art. 92 - Os Ofícios do Foro Extrajudicial, nos quais são lavradas as declarações de vontade e executados os atos decorrentes de legislação sobre registros públicos, compreendem:
1º - Tabelionatos;
2º - Ofícios do Registro de Imóveis;
3º - Ofícios do Registro Civil das Pessoas Naturais;
4º - Ofícios do Registro Civil das Pessoas Jurídicas;
5º - Ofícios do Registro de Títulos e Documentos;
6º - Ofícios de Protestos Cambiais;
7º - Ofícios dos Registros Públicos;

8º - Ofícios dos Registros Especiais;
9º - Ofícios Distritais.
Art. 93 - A organização e classificação dos Serviços Auxiliares do Tribunal de Justiça são definidas nos respectivos Regimento Interno e Regulamentos (Lei nº 11.133/98).
Art. 94 - A cada vara corresponderá um (1) cartório, privativo ou não, com as atribuições correspondentes à competência do respectivo Juiz.
Art. 95 - Nas comarcas que disponham de quatro (4) ou mais varas, a estas corresponderão o número de cartórios e sua denominação, os quais terão serviços privativos de acordo com os das respectivas varas.
Art. 96 - Nas varas regionais e nas comarcas do interior do Estado, as atribuições de Contador e Distribuidor serão reunidas num só Cartório.
Parágrafo único - Nos ofícios Distritais, quando for o caso, as atribuições do Contador ficam a cargo do respectivo Oficial.
Art. 97 - Sob a denominação de Ofício dos Registros Públicos podem ser reunidos em um só Ofício o Registro de Imóveis, o Registro Civil das Pessoas Naturais e das Pessoas Jurídicas, o de Títulos e Documentos e o de Protestos Cambiais.
Art. 98 - Sob a denominação de Ofícios dos Registros Especiais podem ser reunidos o Registro Civil das Pessoas Jurídicas, o de Títulos e Documentos e o de Protestos Cambiais.

Capítulo II - Das categorias e classes funcionais dos Servidores da Justiça

Art. 99 - Considerada a classificação dos ofícios e o âmbito das respectivas atribuições funcionais, três (3) são as categorias de servidores:
a) servidores judiciais;
b) servidores extrajudiciais;
c) servidores de categoria especial.
Parágrafo único - Gozam de fé pública, sendo denominados serventuários, os titulares de ofícios do foro judicial e extrajudicial, os Oficiais Ajudantes, os Oficiais de Justiça, e, quando em substituição ou se juramentados, os Oficiais Escreventes (Provimento nº 13/90 - CGJ).
Art. 100 - Na categoria especial ficam reunidos os funcionários cujas atribuições não digam respeito, diretamente, à atividade

judicial, bem como os de categoria administrativa da Vara de Menores.

Seção I - Dos Servidores do Foro Judicial

Art. 101 - Nos ofícios enumerados no art. 91, serão lotados os seguintes servidores:
1º - Escrivão;
2º - Distribuidor;
3º - Contador Judiciário;
4º - Distribuidor-Contador;
5º - Oficial Ajudante;
6º - Oficial Escrevente;
7º - Atendente Judiciário (os cargos de Atendentes Judiciários foram transformados em cargos de "Oficial Escrevente" pela Lei nº 9.074/90);
8º - Oficial de Justiça;
9º - Comissário de Menores (transformado em "Oficial de Proteção da Infância e da Juventude" pela Lei nº 10.720/96);
10º - Comissário de Vigilância;
11º - Assistente Social Judiciário.

Art. 102 - As funções gratificadas de Depositário Judicial e de Avaliador Judicial serão exercidas por servidor judicial, designado pelo Presidente do Tribunal de Justiça, sob proposta fundamentada do Juiz de Direito Diretor do Foro.

§ 1º - Na comarca de Porto Alegre, haverá uma função gratificada de Depositário Judicial e uma função gratificada de Avaliador Judicial; nas demais comarcas, haverá uma função gratificada de Depositário Avaliador Judicial.

§ 2º - Em casos excepcionais, tendo em vista a natureza do bem ou direito a ser avaliado, ou do bem ou direito a ser avaliado, ou do bem a ser depositado, a função de Avaliador ou de Depositário poderá ser exercida por pessoa nomeada e compromissada pelo Juiz do feito, que lhe arbitrará a remuneração.

Seção II - Dos Servidores do Foro Extrajudicial

Art. 103 - São servidores do Foro Extrajudicial:
I - sob regime oficializado:
1 - os Registradores Públicos, assim compreendidos:
a) Oficiais do Registro de Imóveis;
b) Oficiais do Registro Civil das Pessoas Naturais;
c) Oficiais do Registro Civil das Pessoas Jurídicas;

d) Oficiais do Registro de Títulos e Documentos;
e) Oficiais de Protestos de Títulos Cambiais;
f) Oficiais dos Registros Públicos;
g) Oficiais dos Registros Especiais;
2 - os Oficiais Ajudantes de Registros Públicos;
3 - os Oficiais Escreventes do Foro Extrajudicial;
4 - os Atendentes do Foro Extrajudicial;
II - sob o regime privatizado de custas:
1 - Tabeliães;
2 - Oficiais Distritais e Oficiais de Sede Municipal.

Art. 104 - Os auxiliares do Foro Extrajudicial, nas serventias não oficializadas, serão admitidos pelos titulares dos respectivos ofícios, na condição de empregados, regidos pela CLT, mediante contrato homologado pelo Diretor do Foro e aprovado pelo Corregedor-Geral da Justiça.

Parágrafo único - Os servidores titulares destes ofícios extrajudiciais (art. 92) poderão indicar ajudantes, escolhidos entre auxiliares previstos neste artigo, os quais serão designados pelo Juiz Diretor do Foro, depois de submetidos à prova de habilitação e aprovação pelo Corregedor-Geral da Justiça, com as seguintes atribuições:

I - praticar, simultaneamente com o oficial, os atos concernentes ao ofício, ressalvados os da competência privativa do titular;

II - substituir o titular em suas férias, faltas e impedimentos e responder pelo ofício em caso de vacância.

Capítulo - Da organização e atribuições dos Servidores do Foro Judicial

Seção I - Da organização

Art. 105 - Os ofícios e serviços do Foro Judicial são oficializados e os respectivos cargos isolados, de provimento efetivo, serão providos mediante concurso público, obedecidos os critérios e exigências da lei.

Parágrafo único - As taxas e custas previstas em lei serão recolhidas aos cofres do Estado.

Seção II - Das atribuições

Subseção I - Dos Escrivães

Art. 106 - Aos Escrivães, privativos ou não, incumbe:

1 - chefiar, sob a supervisão e direção do Juiz, o cartório em que estiver lotado;
2 - escrever, observada a forma prescrita, todos os termos dos processos e demais atos praticados no juízo em que servirem;
3 - atender às audiências marcadas pelo Juiz e acompanhá-lo nas diligências;
4 - elaborar diariamente, na comarca da capital e naquelas em que houver órgão de publicação dos atos oficiais (CPC, arts. 236 e 237), a nota de expediente, que deve ser publicada, afixando também uma cópia em local público;
5 - zelar pela arrecadação da taxa judiciária, custas e demais exigências fiscais e outros quaisquer valores devidos pelas partes, expedindo as guias para o respectivo depósito, diretamente pela parte ou seu procurador, em estabelecimento autorizado;
6 - preparar, diariamente, o expediente do Juiz;
7 - ter em boa guarda os autos, livros e papéis de seu cartório;
8 - recolher ao Arquivo Público, depois de vistos em correição, os autos, livros e papéis findos;
9 - manter classificados e em ordem cronológica todos os autos, livros e papéis a seu cargo, organizando e conservando atualizados índices e fichários;
10 - entregar, mediante carga, a Juiz, Promotor ou Advogado, autos conclusos ou com vista;
11 - remeter à Corregedoria-Geral da Justiça, ao fim de cada bimestre, demonstrativo do movimento forense do seu cartório;
12 - fornecer certidão, independentemente de despacho, do que constar nos autos, livros e papéis no seu cartório, salvo quando a certidão se referir a processo:
a) de interdição, antes de publicada a sentença;
b) de arresto ou seqüestro, antes de realizado;
c) formado em segredo de justiça (CPC, art. 155);
d) penal, antes da pronúncia ou sentença definitiva;
e) especial, contra menor;
f) administrativo, de caráter reservado;
13 - extrair, autenticar, conferir e consertar traslados;
14 - autenticar reproduções de quaisquer peças ou documentos de processos;
15 - manter e escriturar o livro e protocolo geral e os demais livros de uso obrigatório;
16 - certificar, nas petições, o dia e hora de sua apresentação em cartório;

17 - realizar todos os atos que lhes forem atribuídos pelas leis processuais, por este Código, e em resoluções do Conselho da Magistratura e da Corregedoria-Geral da Justiça;
18 - fiscalizar e zelar pela freqüência e observância dos horários, com relação aos demais servidores do cartório.
§ 1º - Nos casos previstos no inc. XII, os Escrivães e os Oficiais não poderão fornecer informações verbais sobre o estado e andamento dos feitos, salvo às partes e a seus procuradores.
§ 2º - As certidões, nos casos enumerados no inc. XII, somente serão fornecidas mediante petição deferida pelo Juiz competente.
§ 3º - Do indeferimento, sempre fundamentado, caberá recurso voluntário para o Conselho da Magistratura.
Art. 107 - Quando não puder realizar intimação fora do cartório, o Escrivão, autorizado pelo Juiz, extrairá mandado para que a diligência seja efetuada por Oficial de Justiça.
Art. 108 - O expediente administrativo do Diretor do Foro, as cartas rogatórias, as precatórias para citação, notificação, intimação e para inquirição das pessoas a quem a lei confere o privilégio de indicar o local e hora para serem inquiridas, bem como a expedição de alvará de folha corrida, serão atendidos na Comarca de Porto Alegre pelo Escrivão da Vara da Direção do Foro, e, nas do interior do Estado, pelo Escrivão designado.

Subseção II - Dos distribuidores

Art. 109 - Aos Distribuidores incumbe a distribuição dos feitos, observadas as seguintes normas:
I - cada feito será lançado na ordem rigorosa de sua apresentação, não podendo ser revelado a quem caberá a distribuição;
II - além do registro dos feitos no livro respectivo, serão organizados índices alfabéticos facultando o uso de fichário ou computador;
III - os livros dos Distribuidores obedecerão aos modelos estabelecidos pela Corregedoria-Geral da Justiça.
Art. 110 - No Foro Centralizado e nos Foros regionais da Comarca de Porto Alegre, bem como nas comarcas do interior de maior movimento forense, será utilizado na distribuição o serviço de computação de dados.
Art. 111 - Junto a cada uma das varas regionais da Tristeza, do Sarandi, do Alto Petrópolis e do Partenon haverá um cargo de Distribuidor-Contador (art. 96). (a Lei nº 10.720/96 criou um cargo de Distribuidor-Contador para o Foro Regional do Quarto Distrito criado pela Lei nº 10.866/96).

Subseção III - Dos Contadores Judiciários

Art. 112 - Aos Contadores Judiciários incumbe:
I - contar salários, emolumentos e custas judiciais, de acordo com o respectivo Regimento, expedindo guias de recolhimento, ao Tesouro do Estado, quando for o caso;
II - proceder ao cômputo de capitais, seu rendimento e atualização, juros, penas convencionais, multas e honorários de advogado;
III - proceder aos cálculos de liquidação de impostos e taxas;
IV - proceder a todos os cálculos aritméticos que nos feitos se tornem necessários;
V - lançar esboços de partilhas;
VI - remeter, mensalmente, às entidades de classe, contempladas em lei, as quantias recolhidas, bem como o mapa demonstrativo, conferido pelos Escrivães respectivos, observadas as determinações da Corregedoria-Geral da Justiça.

Art. 113 - Nenhum processo será encaminhado à segunda instância ou poderá ter a execução iniciada, sem que o Juiz haja visado a respectiva conta de custas.

Subseção IV - Dos Oficiais Ajudantes

Art. 114 - Os Oficiais Ajudantes podem, concomitantemente com o Escrivão, Distribuidor ou Contador Judiciário, praticar todos os atos do ofício.

Art. 115 - Compete, ainda, aos Oficiais Ajudantes, exercer, em substituição, as funções do titular do cartório, em suas faltas e impedimentos ou, no caso de vaga, até o seu provimento.

Subseção V - Dos Oficiais Escreventes

Art. 116 - Aos Oficiais Escreventes incumbe:
I - auxiliar o Juiz, inclusive realizando pesquisas de jurisprudência e doutrina;
II - substituir o Escrivão, quando designado, desde que não haja Oficial Ajudante ou este esteja impedido;
III - atuar nas audiências, datilografando os respectivos termos;
IV - datilografar sentenças, decisões e despachos;
V - exercer outras atribuições compatíveis que lhes forem cometidas pelo Juiz ou pelo titular da serventia.

§ 1º - Na Comarca da Capital e nas de entrância intermediária, a função do inc. I será exercida por Oficial Escrevente da Vara, mediante indicação do respectivo Juiz titular.

§ 2º - O Oficial Escrevente poderá ser designado para exercer a função de Oficial Ajudante, desde que este cargo, criado em lei, esteja vago ou seu titular licenciado por prazo superior a trinta (30) dias, vedada mais de uma designação para cada ofício judicial. A designação prevista neste parágrafo não pode ser cumulada com a referida no parágrafo anterior.

Subseção VI - Dos Atendentes Judiciários
(os cargos de Atendentes Judiciários foram transformados em cargos de "Oficial Escrevente" pela Lei nº 9.074/90)

Art. 117 - Aos Atendentes Judiciários (transformados em Oficiais Escreventes) incumbe:

I - executar os serviços de expediente e de atendimento e exercer as funções de protocolista, arquivista, datilógrafo e estafeta;

II - exercer outras atribuições que lhes forem atribuídas pelo Juiz ou pelo titular da serventia.

Subseção VII - Dos Oficiais de Justiça

Art. 118 - Aos Oficiais de Justiça incumbe:

I - realizar, pessoalmente, as citações e demais diligências ordenadas pelos Juízes;

II - lavrar certidões e autos das diligências que efetuarem, bem como afixar e desafixar editais;

III - cumprir as determinações dos Juízes;

IV - apregoar os bens que devam ser arrematados, assinando os respectivos autos.

§ 1º - Quando, em virtude de execução por título judicial ou extrajudicial, o devedor, citado para pagamento, o atender, o Oficial de Justiça que efetuar recebimento deverá, de imediato, recolher as importâncias recebidas ao cartório em que tramita o feito, portanto, por fé, o respectivo ato.

§ 2º - A infração ao disposto no parágrafo anterior sujeita o servidor a pena de multa, ou de suspensão em caso de reincidência.

Art. 119 - Em suas faltas e impedimentos, os Oficiais de Justiça serão substituídos, segundo escala ou designação do Diretor do Foro e, não sendo isso possível, por quem o Juiz do feito nomear *ad hoc*.

Subseção VIII - Dos Comissários de Menores

(o art. 26 da Lei nº 10.720/96 transformou o Comissário de Menores em "Oficial de Proteção da Infância e da Juventude").

Art. 120 - Aos Comissários de Menores (transformados em Oficiais de Proteção da Infância e da Juventude) incumbe proceder a todas as diligências previstas na legislação especial de menores e executar as determinações do respectivo Juiz.

Subseção IX - Dos Comissários de Vigilância

Art. 121 - Aos Comissários de Vigilância incumbe:
I - proceder pessoalmente a todas as investigações relativas aos sentenciados colocados em trabalho externo, tanto em serviços ou obras públicas da administração direta ou indireta como em entidades privadas, informando ao Juiz das Execuções Criminais e Corregedoria de Presídios sobre o cumprimento das obrigações a ele impostas;
II - fiscalizar pessoalmente o cumprimento das condições impostas aos liberados condicionais e aos beneficiados por suspensão condicional da pena;
III - fiscalizar pessoalmente o cumprimento, pelo sentenciado, das penas restritivas de direitos enumeradas no art. 43 do Código Penal ou em outras leis penais, informando ao Juiz das Execuções Criminais e Corregedoria de Presídios;
IV - atender a outros encargos que lhes forem cometidos por lei ou regulamento e cumprir as determinações e mandados do Juiz das Execuções Criminais.

Subseção X - Dos depositários

Art. 122 - Aos servidores ou pessoas designadas ou nomeadas Depositários (art. 102) incumbe a guarda, conservação e administração dos bens que lhes forem confiados, observando o que a respeito dispuser a legislação processual, regulamentos e provimentos.

Subseção XI - Dos Assistentes Sociais Judiciários

Art. 123 - Aos Assistentes Sociais Judiciários incumbe pesquisar, estudar e diagnosticar os problemas sociais nos feitos que, a critério do Juiz, o exijam.

Subseção XII - Dos Avaliadores

Art. 124 - Aos Avaliadores (art. 102) incumbem as atribuições que lhe são conferidas pelas leis processuais.

Capítulo IV - Da organização e atribuições do Foro Extrajudicial

Seção I - Da organização

Art. 125 - As serventias do Foro Extrajudicial são oficializadas, excetuados os Tabelionatos e os Ofícios Distritais e de Sede Municipal, e os respectivos cargos isolados, de provimento efetivo, serão providos mediante concurso público, obedecidos os critérios e exigências da lei.

Parágrafo único - As taxas e custas previstas em lei serão recolhidas aos cofres do Estado, salvante as custas devidas aos Tabeliães e aos Oficiais Distritais e de Sede Municipal.

Seção II - Das atribuições

Subseção I - Dos Tabeliães

Art. 126 - Aos Tabeliães compete:
I - lavrar instrumentos públicos;
II - extrair, por meio datilográfico ou reprográfico, certidões de instrumentos públicos e de documentos arquivados;
III - autenticar, mediante conferência com os respectivos originais, cópias reprográficas;
IV - autenticar com sinal público e raso os atos que expedir em razão de ofício;
V - reconhecer letras, firmas e chancelas;
VI - aprovar testamentos cerrados;
VII - tirar, conferir e consertar públicas-formas.

Parágrafo único - As públicas-formas passadas por um Tabelião serão conferidas e consertadas por outro e, onde houver um só, por outro Oficial designado.

Art. 127 - Integra a atividade notarial, no plano profissional:
I - avaliar a identidade, capacidade e representação das partes;
II - aconselhar, com imparcialidade e independência, a todos os integrantes da relação negocial, instruindo-os sobre a natureza e as conseqüências do ato que pretendem realizar;
III - redigir, em estilo correto, conciso e claro, os instrumentos públicos, utilizando os meios jurídicos mais adequados à obtenção dos fins visados;
IV - apreciar, em negócios imobiliários, a prova dominial.

Art. 128 - O Tabelião, como autor do instrumento público, não está vinculado a minutas que lhe forem submetidas, podendo revisá-las ou negar-lhes curso.

Art. 129 - É facultado ao Tabelião realizar, ante repartições públicas em geral e registros públicos, todas as gestões e diligências necessárias ou convenientes ao preparo ou à eficácia dos atos notariais.

Art. 130 - É livre às partes a escolha do Tabelião.

Art. 131 - Os Tabeliães poderão, salvo na lavratura dos testamentos, tomar declarações de pessoas que não saibam falar o vernáculo, se eles e as testemunhas do ato conhecerem o idioma do declarante, portando por fé o serventuário essa circunstância e a afirmação das testemunhas de estar a intenção daquele traduzida com exatidão no texto lavrado em língua nacional.

Art. 132 - As declarações das pessoas, cujo idioma não for conhecido do Tabelião e das testemunhas só serão tomadas depois de traduzidas por Tradutor Público e, se não houver, por intérprete nomeado pelo Diretor do Foro.

Art. 133 - Os atos relativos às disposições testamentárias são privativos do Tabelião.

Art. 134 - Incumbe ao Tabelião:

I - remeter, logo após sua investidura, ao Tribunal de Justiça, à Corregedoria-Geral da Justiça, ao Registro de Imóveis de sua comarca e às Secretarias de Justiça e da Fazenda ficha com sua assinatura e sinal público, incumbindo igual obrigação aos seus Oficiais Ajudantes;

II - manter fichário de cartões de autógrafos;

III - manter, pelo patronímico das partes, fichário dos atos lavrados;

IV - exigir o prévio pagamento dos impostos devidos em atos notariais;

V - consignar, em livro próprio, a aprovação de testamentos cerrados;

VI - comunicar ao ofício imobiliário competente as escrituras de constituição de dote;

VII - lançar em livro privativo, por transcrição ou arquivamento do próprio documento, as procurações e as autorizações judiciais aludidas em atos notariais, nestes referindo apenas o número do respectivo registro;

VIII - recolher ao Arquivo Público, após vistos em correição, os livros findos;

IX - guardar sigilo profissional, não só sobre os fatos referentes ao negócio, mas também em relação a confidências feitas pelas partes, ainda que estas não estejam diretamente ligadas ao objeto do ajuste.

Art. 135 - O Tabelião que infringir os deveres de seu ofício responderá pessoalmente por todos os danos a que der causa.

Art. 136 - O Tabelião só pode lavrar atos de sua atribuição dentro do território do município para o qual foi nomeado.

Art. 137 - Os livros do tabelionato obedecerão a modelos uniformes estabelecidos pelo Corregedor-Geral da Justiça, a quem também incumbirá autorizar o uso de livros de folhas soltas.

Subseção II - Dos Oficiais do Registro de Imóveis

Art. 138 - Aos Oficiais do Registro de Imóveis compete exercer as atribuições que lhe são conferidas pela legislação sobre os Registros Públicos e outras leis especiais.

Art. 139 - Nas comarcas compostas por mais de um município, o Ofício de Registro de Imóveis da sede da comarca, constituído isoladamente ou integrado em Ofício dos Registros Públicos, abrangerá toda a área territorial da mesma comarca.

Subseção III - Dos Oficiais do Registro Civil das Pessoas Naturais

Art. 140 - Aos Oficiais do Registro Civil das Pessoas Naturais incumbem as funções que lhes são atribuídas pela legislação sobre Registros Públicos.

Subseção IV - Dos Oficiais do Registro Civil das Pessoas Jurídicas

Art. 141 - Aos Oficiais do Registro Civil das Pessoas Jurídicas incumbem as funções que lhes são atribuídas pela legislação sobre Registros Públicos.

Subseção V - Dos Oficiais do Registro de Títulos e Documentos e Protestos Cambiais

Art. 142 - Aos Oficiais do Registro de Títulos e Documentos incumbe:
I - exercer as atribuições que lhes são conferidas pela legislação sobre Registros Públicos e outras leis especiais;
II - praticar os atos relacionados com o protesto de títulos mercantis onde não houver Oficiais Privativos.

Art. 143 - Aos Oficiais de Protesto de Títulos Cambiais incumbe:
I - processar o apontamento e protesto das letras e títulos mercantis que lhes forem apresentados na forma da lei;

II - fornecer certidões e executar os demais atos do ofício segundo a legislação vigente.

Subseção VI - Dos Oficiais dos Registros Públicos

Art. 144 - Aos oficiais dos Registros Públicos incumbem as funções que são atribuídas aos Oficiais do Registro de Imóveis, do Registro Civil das Pessoas Naturais e Jurídicas, de Títulos e Documentos, inclusive Protestos de Títulos Cambiais.

Subseção VII - Dos Oficiais dos Registros Especiais

Art. 145 - Aos Oficiais dos Registros Especiais incumbem as funções que são atribuídas aos Oficiais do Registro Civil, das Pessoas Jurídicas, de Títulos e Documentos, inclusive Protestos de Títulos Cambiais.

Subseção VIII - Dos Oficiais Distritais e dos Oficiais de Sede Municipal

Art. 146 - Nos distritos onde for aconselhável, pela dificuldade de comunicações ou maior intensidade do serviço, poderão ser criados Ofícios Distritais. Os Oficiais Distritais exercerão, na área territorial correspondente ao seu ofício, as funções próprias dos Tabeliães excetuadas às do art. 133 e às dos Oficiais do Registro Civil das Pessoas Naturais (o Provimento nº 11/96-CGJ, autoriza os Oficiais de Sede Municipal e Distritais a lavrar testamentos públicos e aprovar os testamentos cerrados mediante adoção de livros próprios).

Art. 147 - Quando elevado o distrito à categoria do Município, o Oficial Distrital adotará a denominação de Oficial de Sede Municipal, sem alteração de sua situação funcional, passando a exercer, salvo resolução em contrário, do Conselho da Magistratura, também as funções próprias dos Oficiais dos Registros Especiais (Resolução 115/94-CM).

Parágrafo único - Se a intensidade do serviço exigir, a juízo do Conselho da Magistratura, o Ofício de Sede Municipal será desdobrado em Tabelionato e Ofício dos Registros Públicos, cabendo ao titular o direito de opção, no prazo de trinta (30) dias, presumindo-se, no silêncio, a opção pelo Tabelionato.

Subseção IX - Dos demais Servidores do Foro Extrajudicial

Art. 148 - Aos demais servidores do Foro Extrajudicial incumbe:
I - aos Oficiais Ajudantes:

a) praticar, simultaneamente com o titular os atos concernentes à serventia, exceto os da competência privativa do oficial;
b) substituir o titular, em suas férias, faltas ou impedimentos, e responder pelo Ofício em caso de vacância;
II - aos Oficiais Escreventes do Foro Extrajudicial:
a) escrever ou datilografar atos do ofício, atender interessados e exercer outras atribuições compatíveis que lhes forem cometidas pelo Juiz Diretor do Foro ou pelo titular da serventia;
b) executar a digitação para processamento eletrônico de dados e fornecimento de documentos e certidões;
c) substituir o titular, quando designado, nos casos de falta ou impedimento de Oficial Ajudante;
d) exercer a função de Oficial Ajudante, quando designado, desde que este cargo, criado em lei, esteja vago ou seu titular licenciado por mais de 15 (quinze) dias, vedadas designações em número superior ao de cargos de Oficial Ajudante;
III - aos Atendentes do Foro Extrajudicial:
a) executar os serviços comuns de expediente e de atendimento dos interessados, e exercer funções de protocolista, arquivista, datilógrafo e estafeta;
b) exercer outras atribuições que lhes forem cometidas pelo Juiz Diretor do Foro ou pelo titular da serventia.

Subseção X - Disposições gerais

Art. 149 - As atribuições dos Servidores da Justiça do Foro Judicial e Extrajudicial, naquilo que não estiver definido em lei, serão especificadas em provimento do Conselho da Magistratura.

§ 1º - A Corregedoria-Geral da Justiça disporá sobre os livros necessários ao expediente das serventias da Justiça do Foro Judicial e Extrajudicial.

§ 2º - Nenhum livro poderá ser utilizado sem que seja previamente autenticado pelo próprio servidor mediante termos de abertura e encerramento e rubrica de todas as suas folhas.

TÍTULO IV - DOS IMPEDIMENTOS E INCOMPATIBILIDADES

Art. 150 - O Magistrado que, por motivo de incompatibilidade, ficar impedido de exercer as suas funções, poderá ser posto à

disposição da Corregedoria-Geral da Justiça, até ser aproveitado, consoante disposto no Estatuto da Magistratura.
Art. 151 - Na mesma comarca, não poderão funcionar como Juízes os cônjuges, ascendentes e descendentes, consangüíneos ou afins, irmãos ou cunhados, durante o cunhadio.

§ 1º - O disposto neste artigo não se aplica às comarcas providas de cinco (5) ou mais varas.

§ 2º - Igual impedimento verificar-se-á com relação ao agente do Ministério Público e advogado domiciliado na comarca.

§ 3º - Exceto em atos ou processos administrativos ou de jurisdição graciosa dos tribunais, não poderão funcionar conjuntamente como Juízes, em Tribunal Pleno, cônjuges e parentes consangüíneos ou afins em linha reta, bem como em linha colateral até o terceiro grau; o primeiro dos membros mutuamente impedidos, que votar, excluirá a participação do outro.

§ 4º - Nos tribunais, não poderão ter assento na mesma Câmara, em Grupos de Câmaras Cíveis e Criminais, Juízes com os impedimentos antes referidos.

Art. 152 - Verificada a coexistência de Juízes na situação prevista nos arts. 150 e 151, *caput*, terá preferência, em relação aos demais:

I - o vitalício;

II - se ambos vitalícios, o que tiver mais tempo de serviço da comarca;

III - se igual o tempo, o mais antigo no serviço público.

Parágrafo único - A preferência estabelecida nos casos dos incs. II e III não aproveitará àquele que tiver dado causa à incompatibilidade.

Art. 153 - Em todos os casos previstos neste capítulo e nos códigos de processo, o Juiz deverá dar-se por suspeito ou impedido e, se não o fizer, poderá ser recusado por qualquer das partes.

Art. 154 - Poderá o Juiz dar-se por suspeito se afirmar a existência de motivo de natureza íntima que, em conseqüência, o iniba de julgar.

Capítulo I - Quanto aos Servidores

Art. 155 - Nenhum servidor da Justiça poderá funcionar juntamente com o cônjuge ou parente, consagüíneo ou afim, em linha reta ou colateral até o terceiro grau:

I - no mesmo feito ou ato judicial;

II - na mesma comarca ou distrito, quando entre as funções dos respectivos cargos existir dependência hierárquica.

§ 1º - Igual impedimento verificar-se-á quando o procurador de alguma das partes ou o agente do Ministério Público estiver, para com o Escrivão do feito, na mesma relação de parentesco, consagüíneo ou afim.

§ 2º - As incompatibilidades previstas neste artigo não se observam entre os servidores da Justiça e seus auxiliares.

Art. 156 - Verificada a coexistência de servidores da Justiça na situação prevista neste capítulo, terá preferência em relação aos demais;

I - o vitalício;

II - se ambos vitalícios, o que tiver mais tempo de serviço na comarca ou distrito;

III - se igual o tempo, o mais antigo no serviço público.

Parágrafo único - A preferência estabelecida nos incs. II e III não aproveitará àquele que tiver dado causa à incompatibilidade.

Art. 157 - O servidor da Justiça vitalício ou estável que, por motivo de incompatibilidade, for privado do exercício de suas funções terá sua situação regulada no Estatuto dos Servidores da Justiça.

TÍTULO V - DO FUNCIONAMENTO DOS ÓRGÃOS
JUDICIÁRIOS DE PRIMEIRA INSTÂNCIA

Capítulo I - Do expediente

Art. 158 - Os Juízes são obrigados a cumprir expediente diário no Foro, pelo menos durante um dos turnos, designando horário para o atendimento das partes.

§ 1º - Ao assumir o exercício de suas funções na comarca, o Juiz anunciará, por edital, a hora de seu expediente, procedendo da mesma forma, com antecedência de trinta (30) dias, sempre que entender alterá-la, comunicando, em ambos os casos, ao Corregedor-Geral da Justiça.

§ 2º - Em caso de urgência, Juízes e servidores são obrigados a atender às partes a qualquer hora, ainda que fora dos auditórios e cartório.

§ 3º - Na Capital do Estado, o Conselho da Magistratura, atendendo à natureza do serviço, poderá estabelecer normas especiais para o expediente dos Juízes.

Art. 159 - No decurso do expediente do Foro, não podem os servidores da Justiça, salvo para cumprir diligências, afastar-se dos respectivos cartórios ou ofícios, que devem permanecer abertos durante os horários que lhes são prescritos, sujeitando-se os infratores às penalidades previstas em lei.

§ 1º - O Juiz pode determinar a prorrogação do expediente de qualquer cartório ou ofício, quando a necessidade do serviço assim o exigir.

§ 2º - Não haverá expediente forense aos sábados, exceto para a prática de atos indispensáveis à ressalva de direitos.

§ 3º - O disposto no parágrafo anterior não se aplica ao Registro Civil das Pessoas Naturais, que funcionará também aos domingos até o meio-dia, afixando o titular, após esta hora, na parte externa do prédio, indicação do local onde pode ser encontrado.

§ 4º - Os pontos facultativos que a União, o Estado ou os Municípios decretarem não prejudicarão quaisquer atos da vida forense.

Art. 160 - Será o seguinte o horário do expediente forense, assim na Capital como nas comarcas do interior do Estado:
I - Foro judicial:
 - manhã: 8h30min às 11h30min;
 - tarde: 13h30min às 18h30min;
II - Foro extrajudicial:
 - manhã: das 8h30min às 11h30min;
 - tarde: das 13h30min às 18h.

Parágrafo único - O Conselho da Magistratura poderá determinar, quando conveniente:
a) horário para atendimento exclusivo de serviços internos de cartórios judiciais ou ofícios extrajudiciais;
b) horário corrido para os ofícios extrajudiciais (Lei nº 10.405, de 06.06.95).

Capítulo II - Da distribuição

Art. 161 - A distribuição tem por finalidade a igualdade do serviço forense entre os Juízes e entre os servidores, bem como o registro cronológico e sistemático de todos os feitos ingressados no Foro.

Art. 162 - A classificação dos feitos cíveis e criminais, para fins de distribuição, será feita através de provimentos da Corregedoria-Geral da Justiça.
Art. 163 - A distribuição será obrigatória, alternada e rigorosamente igual, entre Juízes, Órgãos do Ministério Público, servidores de Ofícios da mesma natureza, Oficiais de Justiça e, quando for o caso, entre os Avaliadores.

§ 1º - O despacho ordinatório da distribuição será proferido por qualquer Juiz competente para conhecer da causa.

§ 2º - Na comarca de Porto Alegre, as distribuições poderão ser feitas com a utilização do serviço de computação de dados.

§ 3º - Em caso de urgência, a distribuição poderá ser feita a qualquer hora, independentemente da expedição de guias pelo Distribuidor, operando-se, oportunamente, a devida compensação.

Art. 164 - A distribuição por dependência, nos termos da lei processual, determinará a compensação.

§ 1º - A distribuição de inquéritos policiais e queixas-crime, referentes a indiciado que anteriormente haja sido condenado ou esteja sendo processado, ou indiciado em outro inquérito, caberá por dependência à vara onde houver tramitado o primeiro feito, com oportuna compensação.

§ 2º - Quando figurarem dois ou mais réus, a distribuição far-se-á à vara em que tiver havido decisão condenatória ou, não havendo, proceder-se-á segundo o estabelecido no parágrafo anterior.

Art. 165 - Registrada a distribuição, os papéis serão entregues ao Escrivão mediante recibo.

§ 1º - Sempre que o Órgão do Ministério Público denunciar pessoas, além dos indiciados já anotados na distribuição, ou aditar a denúncia, o Escrivão, antes de remeter os autos ao Juiz, levará o feito ao Distribuidor, para que sejam averbados os nomes dos novos acusados.

§ 2º - No crime, qualquer decisão final passada em julgado deverá ser averbada na Distribuição, mediante despacho do Juiz do feito.

§ 3º - O Escrivão levará o feito ao Distribuidor, para averbação, quando a concordata se transformar em falência; quando, no curso do inventário, se abrir sucessão do cônjuge sobrevivente ou de herdeiros; em todos os casos em que ocorrer intervenção de terceiros, ou quando, em qualquer fase do processo, surgir litisconsórcio, ativo ou passivo, não previsto ao tempo da distribuição.

Art. 166 - Quando o Juiz se declarar incompetente, determinará a redistribuição.

Art. 167 - Uma vez distribuído, o processo só terá baixa na Distribuição se ocorrer a procedência das exceções de incompetência, impedimento ou suspeição do Juiz, ou julgamento de conflito de jurisdição ou de competência.

Parágrafo único - Nos casos deste artigo, proceder-se-á à compensação.

Art. 168 - Serão averbados, na Distribuição, todos os casos de extinção do processo, ainda que não ocorra julgamento do mérito.

Art. 169 - Será fornecida, pelo Distribuidor, certidão negativa, sempre que não constar lançamento contra a pessoa interessada, ou das averbações, se verificar ter sido ela isenta de culpa.

§ 1º - O alvará de folha-corrida será fornecido à vista de certidões do Distribuidor e do Escrivão das execuções criminais.

§ 2º - Na Comarca da Capital e naquelas que dispuserem do sistema de computação de dados, os alvarás de folha-corrida serão expedidos pelo próprio sistema, mediante consulta ao banco de dados, sendo autenticados por servidor habilitado.

Capítulo III - Das audiências

Art. 170 - As sessões, as audiências e o expediente do Tribunal de Justiça regular-se-ão pelo Regimento Interno (Lei nº 11.133/98).

Art. 171 - As audiências e sessões dos Juízes de primeira instância serão públicas, salvo nos casos previstos em lei ou quando o interesse da Justiça determinar o contrário.

Art. 172 - As audiências e sessões realizar-se-ão nos edifícios ou locais para este fim destinados, salvo deliberação em contrário, do Juiz competente, por motivo justificado, além dos casos previstos em lei.

Art. 173 - Nenhum menor de dezoito (18) anos poderá assistir à audiência ou sessão de Juiz ou Tribunal sem permissão do magistrado que a presidir.

Art. 174 - As audiências dos Juízes realizar-se-ão em todos os dias de expediente, sempre que o exigir o serviço, sem outra interrupção que a resultante das férias forenses.

Parágrafo único - Os atos ocorridos nas audiências, inclusive as sentenças prolatadas, poderão ser registrados em aparelhos de gravação ou mediante taquigrafia, ou estenotipia, para posterior transcrição datilográfica, precedendo autorização do Corregedor-Geral da Justiça (Lei nº 11.053/97).

Art. 175 - As correições e inspeções não interrompem as audiências, devendo os escrivães, se necessário, praticar os atos ou termos em livro especial formalizado, para lançamento posterior nos livros competentes.

Art. 176 - O início e o fim das audiências, bem como o pregão das partes, serão anunciados em voz alta pelo Oficial de Justiça ou por quem o Juiz determinar.

Art. 177 - No recinto do Tribunal e nas salas de audiências, haverá lugares especiais destinados a servidores, partes, advogados e mais pessoas cujo comparecimento seja obrigatório (Lei nº 11.133/98).

Art. 178 - Durante as audiências, o agente do Ministério Público sentará à direita do Juiz, o mesmo fazendo o patrono do autor e este; à esquerda, tomarão assento o Escrivão, o patrono do réu e este, ficando a testemunha à frente do Juiz.

Parágrafo único - Na mesa, o lugar do Juiz será destacado dos demais.

Art. 179 - Durante a audiência ou sessão, os Oficiais de Justiça devem conservar-se de pé, à disposição do Juiz, para executar suas ordens.

Art. 180 - Salvo o caso de inquirição de testemunhas ou permissão do Juiz, ou servidores, as partes, ou quaisquer outras pessoas, excetuados o agente do Ministério Público e os advogados, manter-se-ão de pé enquanto falarem ou procederem à alguma leitura.

Art. 181 - Nas audiências ou sessões do Tribunal, os Juízes, os espectadores e as pessoas enumeradas no artigo anterior devem apresentar-se convenientemente trajadas (Lei nº 11.133/98).

Parágrafo único - Os espectadores poderão permanecer sentados, devendo levantar-se sempre que o Juiz o fizer em ato de ofício.

Art. 182 - As pessoas presentes às audiências e sessões deverão, conservar-se descobertas e em silêncio, evitando qualquer procedimento que possa perturbar a serenidade e faltar ao respeito necessário à administração da Justiça.

§ 1º - Os Juízes poderão aplicar aos infratores as seguintes penas:
a) advertência e chamamento nominal à ordem;
b) expulsão do auditório ou recinto do Tribunal.

§ 2º - Se a infração for agravada por desobediência, desacato ou outro fato delituoso, ordenará o Juiz a prisão e a autuação do infrator, a fim de ser processado.

Art. 183 - Sem consentimento do Juiz ou do Escrivão, ninguém poderá penetrar no recinto privativo do pessoal do Tribunal ou do Juízo.

Art. 184 - Compete aos Juízos a polícia das audiências ou sessões e, no exercício dessa atribuição, tomar todas as medidas necessárias à manutenção da ordem e segurança no serviço da Justiça, inclusive requisitar força armada.

Capítulo IV - Das férias

Seção I - Das férias do Tribunal de Justiça

Art. 185 - Os membros do Tribunal de Justiça gozarão férias coletivas de dois (2) a trinta e um (31) de janeiro e de dois (2) a trinta e um (31) de julho (Lei nº 11.133/98).

Parágrafo único - O Tribunal de Justiça iniciará e encerrará seus trabalhos, respectivamente, no primeiro e último dias úteis de cada período, com a realização de sessão (Lei nº 11.133/98).

Seção II - Das férias forenses

Art. 186 - É de férias forenses, previstas exclusivamente para a primeira instância, o mês de janeiro.

Parágrafo único - Excluem-se das férias forenses os ofícios extrajudiciais.

Art. 187 - Não se suspenderão no período de férias forenses:

I - os feitos criminais com réu preso, ou na iminência de prescrição, os pedidos de prisão preventiva e os de *habeas-corpus*;

II - todos os atos ou feitos que a lei federal autorizar ou determinar que se pratiquem ou prossigam durante tal período.

Art. 188 - No período de férias forenses, poderá o Conselho da Magistratura fixar horário especial para o funcionamento dos Cartórios.

Seção III - Das férias dos Juízes

Art. 189 - Os Juízes de Direito e Pretores gozarão férias anuais de sessenta (60) dias, trinta (30) dos quais deverão coincidir, preferentemente, com as férias forenses.

§ 1º - O Presidente do Tribunal de Justiça providenciará para que o maior número possível de Juízes gozem o primeiro de férias no mês de janeiro.

§ 2º - As férias não poderão ser fracionadas por tempo menor de trinta (30) dias e somente poderão acumular-se por imperiosa necessidade de serviço e pelo máximo de dois (2) meses.

§ 3º - Anualmente, o Presidente do Tribunal de Justiça fará publicar a escala de férias dos Juízes, de acordo com as preferências manifestadas e as necessidades do serviço. A escala só será alterada por motivo excepcional. Na Capital, os Juízes titulares de varas preferem aos Substitutos.

Seção IV - Das férias dos Servidores

Art. 190 - Os servidores do Foro judicial gozarão férias anuais de trinta (30) dias, preferentemente no período de férias forenses, alternando-se, porém às dos titulares com as de seus oficiais ajudantes.

Parágrafo único - As férias dos demais servidores dependerão de escala aprovada pelo Diretor do Foro.

Art. 191 - Os servidores do Foro extrajudicial gozarão férias individuais, conforme tabela organizada pelo titular de ofício, observando-se, quanto à substituição, o disposto neste Código.

Art. 192 - As férias dos servidores judiciais serão concedidas pelo Diretor do Foro, observando-se, quanto à distribuição, o disposto no artigo anterior.

Art. 193 - A escala de férias dos servidores judiciais poderá ser alterada por motivo excepcional, a critério do Diretor do Foro.

Art. 194 - Ao entrar em gozo de férias, o servidor judicial comunicará à Direção do Foro seu endereço durante as mesmas.

TÍTULO VI - DAS CORREIÇÃO PARCIAL

Art. 195 - A correição parcial visa à emenda de erros ou abusos que importem na inversão tumultuária de atos e fórmulas legais, na paralisação injustificada dos feitos ou na dilatação abusiva de prazos, quando, para o caso, não haja recurso previsto em lei.

§ 1º - O pedido de correição parcial poderá ser formulado pelos interessados ou pelo Órgão do Ministério Público, sem prejuízo do andamento do feito.

§ 2º - É de cinco (5) dias o prazo para pedir correição parcial, contado a partir da data em que o interessado houver tido ciência, inequivocamente, do ato ou despacho que lhe der causa.

§ 3º - A petição deverá ser devidamente instruída com documentos e certidões, inclusive a que comprove a tempestividade do pedido.

§ 4º - Não se tomará conhecimento de pedido insuficientemente instruído.

§ 5º - O magistrado prestará informações no prazo de dez (10) dias; nos casos urgentes, estando o pedido devidamente instruído, poderão ser dispensadas as informações do Juiz.

§ 6º - A correição parcial, antes de distribuída, será processada pelo Presidente do Tribunal de Justiça ou por um de seus Vice-Presidentes, que poderá exercer as seguintes atribuições do Relator (Lei nº 11.133/98):

a) deferir liminarmente a medida acautelatória do interesse da parte ou da exata administração da Justiça, se relevantes os fundamentos do pedido e houver probabilidade de prejuízo em caso de retardamento, podendo ordenar a suspensão do feito;

b) rejeitar de plano o pedido se intempestivo ou deficientemente instruído, se inepta a petição, se do ato impugnado houver recurso ou se, por outro motivo, for manifestamente incabível a correição parcial.

TÍTULO VII - DISPOSIÇÕES DIVERSAS

Art. 196 - Para fins de verificação, os titulares de ofícios extrajudiciais depositarão, mensalmente, na Direção do Foro, as folhas de pagamento, acompanhadas dos respectivos recibos, bem como o comprovante do recolhimento, ao Instituto Nacional de Previdência Social e ao Instituto de Previdência do Estado, das contribuições estabelecidas em lei.

Art. 197 - Os Oficiais do Foro extrajudicial deverão escriturar a receita e despesa em livro próprio, devidamente visado pelo Diretor do Foro, encaminhando à Corregedoria-Geral da Justiça extrato mensal do movimento, até o décimo dia do mês seguinte ao vencido.

Art. 198 - Nenhum livro ou processo findo será recolhido ao Arquivo Público antes de examinado em correição e sem o 'visto' de quem o haja fiscalizado.

TÍTULO VIII - DISPOSIÇÕES FINAIS E TRANSITÓRIAS

Capítulo I - Disposições finais

Art. 199 - São criadas as seguintes comarcas de entrância inicial:
Coronel Bicaco, Porto Xavier e Santo Antônio das Missões.
Art. 200 - A Comarca de Coronel Bicaco compreende os Municípios de Coronel Bicaco, Braga e Redentora; a de Porto Xavier, o Município de Porto Xavier; a de Santo Antônio das Missões, o Município de Santo Antônio das Missões.
Art. 201 - São elevadas de entrância:
a) as Comarcas de Cerro Largo, Sapucaia do Sul (vetado) e Veranópolis, inicial (Lei nº 8.838/89);
b) a Comarca de Palmeira das Missões, de inicial para intermediária (Lei nº 8.838/89);
c) vetado;
d) vetado;
e) vetado;
f) vetado;
Art. 202 - Vetado.

Art. 203 - Os Municípios do Estado que não forem sede de comarcas serão jurisdicionados na conformidade do Quadro Anexo nº 1 (Lei nº 8.838/89).
Parágrafo único - O Conselho da Magistratura, no interesse da administração da Justiça, poderá modificar o Quadro Anexo, desde que não implique mudança da sede da comarca.
Art. 204 - Os Juízes de Direito Substitutos de entrância intermediária, lotados nas comarcas com cinco (5) ou mais varas, quando não estiverem no exercício de substituição, ou servindo em regime de exceção, poderão ser designados para exercer, cumulativamente com o titular, jurisdição em Vara Cível da comarca, ou para substituir Juízes de comarcas próximas.
Parágrafo único - Revogado (Lei nº 8.420/87, art. 4º).
Art. 205 - São criadas as seguintes varas e comarcas abaixo discriminadas:
Alvorada - a 2ª Vara;
Canoas - vetado;
Caxias do Sul - a 4ª Vara Cível e a Vara de Família e Sucessões;
Frederico Westphalen - a 2ª Vara;

Gravataí - a 3ª Vara;
Guaíba - a 2ª Vara;
Ijuí - a 3ª Vara;
Novo Hamburgo - vetado;
Palmeira das Missões - a 3ª Vara;
Passo Fundo - a 3ª Vara Cível e a 3ª Vara Criminal;
Pelotas - a Vara de Família e Sucessões e a 4ª Vara Criminal;
Santa Maria - a 4ª Vara Cível;
Santiago - a 2ª Vara;
São Borja - a 3ª Vara;
São Leopoldo - a 1ª Vara Criminal e a 2ª Vara Criminal;
São Sebastião do Caí - a 2ª Vara;
Sapucaia do Sul - a 2ª Vara.
Art. 206 - Na Comarca de Porto Alegre:
I - são criados:
a) as 7ª e 8ª Varas de Família e Sucessões, o 2º Juizado da Vara de Falências e Concordatas, a 15ª Vara Criminal e o 2º Juizado da Vara do Júri;
b) os cartórios das 7ª e 8ª Varas de Família e Sucessões e o da 15ª Vara Criminal;
c) com a denominação de Ofício do Registro de Imóveis da 5ª Zona e Ofício do Registro de Imóveis da 6ª Zona, dois (2) Ofícios do Registro de Imóveis;
d) vetado;
II - são transformados:
a) quatro (4) cargos de Juiz Substituto de Juiz de Alçada em cargos de Juiz de Direito, a serem lotados na 7ª e 8ª Varas de Família e Sucessões, no 2º Juizado da Vara do Júri, e na 15ª Vara Criminal;
b) seis (6) cargos de Juiz de Direito Substituto em cargos de Juiz-Corregedor de 1ª instância.
Art. 207 - Revogado (Lei nº 7.660/82).
Art. 208 - Revogado (Lei nº 7.660/82).
Art. 209 - Revogado (Lei nº 7.660/82).
Art. 210 - Os serviços técnicos do Juizado de Menores da Capital poderão ser utilizados por outros juízos ou varas, mediante requisição ao Juiz de Menores.
Art. 211 - O Registro Imobiliário da Comarca de Porto Alegre dividir-se-á em seis (6) Zonas, denominadas 1ª, 2ª, 3ª, 4ª, 5ª e 6ª Zonas, com as delimitações territoriais a serem fixadas em lei especial.

Parágrafo único - Enquanto não for traçada delimitação referida neste artigo, manter-se-á a estabelecida no art. 245 da Lei nº 3.119, de 14.02.57.

Art. 212 - Os Ofícios de Protestos de Títulos Cambiais, na Comarca de Porto Alegre, poderão ter sede em qualquer local do município.

Art. 213 - As delimitações territoriais das Zonas do Registro Civil das Pessoas Naturais, da Comarca de Porto Alegre, permanecem segundo disposto na Resolução de 26.08.70, do Tribunal Pleno (COJE).

Art. 214 - São transformados:
I - na Comarca de Novo Hamburgo:
a) as 1ª, 2ª e 3ª Varas em 1ª, 2ª e 3ª Varas Cíveis;
b) os 1º, 2º e 3º Cartórios em 1º, 2º e 3º Cartórios Cíveis;
II - na Comarca de São Leopoldo:
a) as 1ª, 2ª e 3ª Varas em 1ª, 2ª e 3ª Varas Cíveis;
b) os 1º, 2º e 3º Cartórios em 1º, 2º e 3º Cartórios Cíveis.

Art. 215 - São criados os seguintes cartórios:
a) na Comarca de Pelotas, o Cartório da 4ª Vara Criminal e o Cartório da Vara de Família e Sucessões;
b) na Comarca de Caxias do Sul, o Cartório da 4ª Vara Cível e o Cartório da Vara de Família e Sucessões;
c) na Comarca de Santa Maria, o Cartório da 4ª Vara Cível;
d) na Comarca de São Leopoldo, os Cartórios das 1ª e 2ª Varas Criminais;
e) na Comarca de Novo Hamburgo, vetado;
f) na Comarca de Passo Fundo, o 3º Cartório Criminal e o 3º Cartório Cível;
g) na Comarca de Gravataí, o 3º Cartório;
h) na Comarca de Ijuí, o 3º Cartório;
i) na Comarca de Palmeira das Missões, o 3º Cartório;
j) na Comarca de São Borja, o 3º Cartório;
l) na Comarca de Guaíba, o 2º Cartório;
m) na Comarca de Frederico Westphalen, o 2º Cartório;
n) na Comarca de Santiago, o 2º Cartório;
o) na Comarca de Sapucaia do Sul, o 2º Cartório;
p) na Comarca de São Sebastião do Caí, o 2º Cartório;
q) na Comarca de Alvorada, o 2º Cartório;
r) nas Comarcas de Arvorezinha, Coronel Bicaco, Porto Xavier e Santo Antônio das Missões, os respectivos Cartórios.

Art. 216 - As 1ª e 2ª Zonas do Registro Civil das Pessoas Naturais da Comarca de Canoas são divididas pela linha que, partindo da divisa com o Município de Cachoeirinha, segue pela estrada respectiva até alcançar a Rua Santos Ferreira, prosseguindo por esta até a esquina da Rua Monte Castelo, por onde vai até a esquina da Rua Santa Maria e por esta até encontrar o leito da linha férrea da Rede Ferroviária Federal S.A., que se dirige para Santa Maria, seguindo por este leito até o limite do município, ficando a 1ª Zona ao norte e a 2ª Zona ao sul.

Art. 217 - Na Comarca de Pelotas as demarcações das linhas divisórias das circunstâncias imobiliárias dos registros de imóveis relativos às 1ª e 2ª Zonas passam a ser as constantes do quadro anexo, que é parte integrante desta Lei (Lei nº 10.195/94).

Quadro anexo:
Para efeitos do art. 217, a demarcação das linhas divisórias das circunstâncias imobiliárias dos registros de imóveis da Comarca de Pelotas fica assim descrita:

1ª Zona - O traçado parte da margem do Canal São Gonçalo, divisa com o município de Rio Grande, seguindo por este na direção sudoeste até encontrar o Canal do Pepino, seguindo por este até encontrar o prolongamento da rua Dr. Cassiano, continuando por esta rua até alcançar a Av. Presidente João Goulart: segue daí por esta avenida até atingir a Avenida Bento Gonçalves, seguindo por esta última em prosseguimento da mesma, pela Av. Almirante Guilhobel, rua Gonçalves Ledo, rua Carlos Gotuzzo Giacoboni e Av. Major Francisco Nunes de Souza, até atingir a BR-116, seguindo por esta rodovia até encontrar a divisa do município do Capão do Leão, no Arroio Moreira. Segue pela divisa municipal com o Capão do Leão, na direção noroeste, seguindo posteriormente na direção norte pela divisa com o município do Morro Redondo e posteriormente pela divisa com o município de Canguçu, até encontrar o Arroio Turussu (ex-Arroio Grande), seguindo por este águas abaixo até encontrar a Estrada Municipal do Cerrito Alegre-Arroio do Padre. A partir daí segue por esta estrada, na direção sul até a confluência com a BR-116. Segue por esta rodovia no sentido sul, até a rua 25 da Vila Princesa, seguindo por esta até o limite atual da referida Vila, contornando este último, na direção nordeste, até entestar a Estrada dos Maricás, seguindo por esta até encontrar a Estrada do Cotovelo, seguindo daí por esta até a ponte sobre o Arroio Pelotas. Daí por este Arroio, águas abaixo, até a confluência com o Canal de São Gonçalo, fechado o perímetro. Integra, também, circunscrição imobiliária da 1ª Zona o município do Morro Redondo.

2ª Zona - A circunscrição imobiliária do Registro de Imóveis da 2ª Zona compreende duas frações distintas a saber:

1ª Fração - a que fica contida dentro do perímetro compreendido pela divisa municipal com o Capão do Leão a sudoeste, pelo Canal São Gonçalo (divisa com Rio Grande) a sudeste, e ao norte pela mesma linha já descrita como limite sul da circunscrição imobiliária da 1ª Zona;

2ª Fração - a que fica compreendida dentro do perímetro definido pelo Canal São Gonçalo (divisa com Rio Grande), seguindo por este na direção leste até a Lagoa dos Patos, seguindo pela margem desta, em direção norte, até encontrar a barra do Arroio Turussu (ex-Arroio Grande). A partir daí, segue por este Arroio, águas acima, no trecho correspondente à divisa com o município de São Lourenço do Sul, até encontrar a estrada municipal do Cerrito Alegre-Arroio do Padre (Federeca). A partir daí, segue pela mesma linha já descrita como limite leste da circunscrição imobiliária da 1ª Zona, até o Canal São Gonçalo, fechando o perímetro. Além das frações descritas, integra a circunscrição imobiliária da 2ª Zona o município do Capão do Leão.

Art. 218 - Independentemente das atribuições previstas no art. 73, II, *f*, a qualquer Juiz com jurisdição criminal ou de menores é assegurado o livre e permanente acesso, sem restrição alguma, aos presídios e quaisquer outros locais de detenção ou internamento, mantidos ou administrados pelo Estado.

Art. 219 - Nos casos de vacância, ficam estatizados os Cartórios Judiciais e os Ofícios dos Registros Públicos, que ainda estiverem sujeitos ao regime de custas privatizadas, salvo, quanto a estes últimos, se houver provimento por remoção ou permuta.

Parágrafo único - São ressalvados, na Comarca da Capital, os casos de provimento por remoção, a critério do Conselho da Magistratura e desde que o servidor interessado conte mais de dez (10) anos de exercício na respectiva classe funcional.

Art. 220 - Os servidores de entrâncias inicial e intermediária, com cinco (5) ou mais anos de serviço no mesmo cartório ou ofício extrajudicial, poderão ser removidos, a pedido, para igual serventia de comarca de entrância imediatamente superior, a critério do Conselho da Magistratura.

§ 1º - Os Oficiais Escreventes e Oficiais de Justiça, com cinco (5) ou mais anos de serviço numa mesma entrância, poderão ser removidos, a pedido, para igual cargo na entrância imediatamente superior.

§ 2º - Revogado (Lei nº 8.708/88).

Art. 221 - As disposições desta Lei, que impliquem aumento de despesa ou extinção de serventias ou ofício, serão objeto de lei especial.

Art. 222 - Passam a denominar-se Escrivães os atuais Oficiais Judiciais; Oficiais Ajudantes, os atuais Oficiais Judiciais Ajudantes; Distribuidores, os atuais Oficiais Judiciais Distribuidores; Contadores Judiciários, os atuais Oficiais Judiciais Contadores; Oficiais Escreventes, os atuais Auxiliares Judiciais.

Capítulo II - Disposições transitórias

Art. 223 - É facultada, durante o prazo de cinco (5) anos, a contar da data desta lei, a remoção dos Escrivães, Oficiais Extrajudiciais, Oficiais Escreventes e Oficiais de Justiça de entrâncias inicial e intermediária, para igual cargo em entrância superior, desde que o concurso a que se submeteram tenha abrangido a entrância superior respectiva.

Art. 224 - Nas comarcas em que, por motivo de aumento do número de vagas, houverem sido instalados cartórios privativos, fica ressalvado, aos titulares das extintas serventias do cível e do crime, o direito de remoção para os novos cartórios.

Art. 225 - Vetado.

Art. 226 - É assegurado ao titular de ofício que for desmembrado ou desanexado o direito de optar, com sua situação ressalvada, nos termos do *caput* do art. 206 da Constituição Federal, por qualquer dos ofícios resultantes de desmembramento ou desanexação.

Art. 227 - Salvo opção em contrário, a estatização prevista no art. 219 não abrange os servidores extrajudiciais que estiverem, na data desta lei, no pleno exercício dos cargos de titulares de ofícios vagos, cujos cartórios e ofícios pelos quais respondem somente serão estatizados após a vigência da Lei Complementar a que se refere o § 1º do art. 206 da Constituição Federal (refere-se à Constituição anterior a 1988).

Art. 228 - Ressalvado o direito de opção pelo regime estatizado, vencerão apenas custas os Escrivães do Cível e Crime de comarcas em que estas varas, em razão desta lei ou de anteriores resoluções do Tribunal, passaram ou passam a ser privativas do cível.

Art. 229 - Os mandatos do Presidente do Tribunal de Justiça, do Vice-Presidente e do Corregedor-Geral da Justiça, eleitos em dezembro de 1979, terão início do primeiro dia útil do mês de março de 1980 e findarão a 2 de fevereiro de 1982 (vide os arts. 62 e 64 do Regimento Interno do Tribunal de Justiça).

LIVRO II - DA JUSTIÇA MILITAR

TÍTULO I - DA DIVISÃO JUDICIÁRIA

Art. 230 - O território do Estado do Rio Grande do Sul, para efeito da administração da Justiça Militar, divide-se em três circunscrições judiciárias.

§ 1º - Cada circunscrição judiciária terá uma Auditoria, exceto a 1ª, que terá duas (2), todas com o território de jurisdição fixado em lei.

§ 2º - A 1ª e a 2ª Auditorias, com sede em Porto Alegre, são classificadas em entrância final; a 3ª e a 4ª Auditorias, com sede respectivamente em Passo Fundo e em Santa Maria, são de entrância intermediária (Lei nº 8.838/89).

TÍTULO II - DA ORGANIZAÇÃO JUDICIÁRIA

Capítulo I - Dos Órgãos Judiciários

Art. 231 - São Órgãos da Justiça Militar do Estado:
I - O Tribunal Militar;
II - os Juízes-Auditores;
III - os Juízes-Auditores Substitutos;
IV - os Conselhos de Justiça.

Capítulo II - Da composição e competência dos Órgãos Judiciários Militares

Seção I - Da composição do Tribunal Militar

Art. 232 - O Tribunal Militar, com sede na Capital e jurisdição no território do Estado, compõe-se de sete (7) Juízes, sendo quatro (4) militares e três (3) civis, todos de investidura vitalícia, nomeados pelo Governador do Estado, ... (Vetado).

§ 1º - A nomeação de Juiz Militar será feita dentre Coronéis da ativa, pertencentes ao Quadro de Oficiais Combatentes da Brigada Militar e, após nomeados, relacionados em quadro especial.

§ 2º - A nomeação dos Juízes civis será feita dentre Juízes-Auditores, membros do Ministério Público e advogados de notório saber jurídico e ilibada reputação, com mais de trinta e cinco (35) ... (Vetado)... anos de idade, ... (Vetado).

§ 3º - No Tribunal Militar, um dos Juízes será, obrigatoriamente, escolhido dentre os Juízes-Auditores.

§ 4º - Revogado (Lei nº 7.660/82).

§ 5º - O número de membros do Tribunal Militar só poderá ser alterado por proposta do Tribunal de Justiça.

§ 6º - O Tribunal terá um Presidente e um Vice-Presidente eleitos dentre seus membros efetivos, por dois (2) anos, vedada a reeleição, na forma da lei.

Art. 233 - As decisões do Tribunal Militar, quer judiciais, quer administrativas, serão sempre dadas em sessão plena, por maioria de votos, ressalvados os casos de *quorum* especial.

Seção II - Da competência do Tribunal

Art. 234 - Compete ao Tribunal Militar do Estado:

I - eleger o seu Presidente e Vice-Presidente, dar-lhes posse e, bem como aos seus membros, deferir-lhes o compromisso legal;

II - elaborar o seu Regimento Interno, modificá-lo ou reformá-lo, organizar os seus Serviços Auxiliares e prover-lhes os cargos na forma da lei, bem como propor a criação ou a extinção de cargos e a fixação dos respectivos vencimentos;

III - conceder licenças e férias, nos termos da lei e do Regimento Interno, aos seus membros e demais Juízes, bem como expedir atos administrativos aos servidores que lhes forem subordinados;

IV - baixar instruções para realização de concurso de Juiz-Auditor e servidores da Justiça Militar;

V - propor, nos casos previstos em lei, escrutínio secreto, a perda do cargo e decretar a remoção ou a disponibilidade do Juiz-Auditor, pelo voto de dois terços dos seus membros efetivos (art. 12, VIII), assegurando-lhe defesa, e proceder da mesma forma quando à disponibilidade de qualquer de seus membros;

VI - processar e julgar originariamente:

a) os mandados de segurança contra atos administrativos do próprio Tribunal ou de seu Presidente;

b) Revogado (Lei nº 8.763/88);

c) o *habeas-corpus*, nos casos previstos em lei;

d) a revisão de seus julgados e dos de 1ª instância;

e) os Oficiais da Brigada Militar para decretação da perda de posto e da patente, por indignidade ou incompatibilidade para o oficialato;

f) os pedidos de correição parcial;
g) os procedimentos para decretação da perda de cargo ou disponibilidade de seus membros e demais magistrados da Justiça Militar do Estado (arts. 26 e 27 da Lei Complementar nº 35/79);
h) a reclamação, para preservar a integridade de competência ou assegurar a autoridade do seu julgado;
VII - julgar:
a) os embargos às suas decisões, nos casos previstos em lei;
b) as apelações e os recursos de decisões ou despachos de Juízes inferiores, nos casos previstos em lei;
c) os incidentes processuais, nos termos da lei processual militar;
d) os recursos de penas disciplinares aplicadas pelo próprio Tribunal, seu Presidente ou Juiz-Auditor;
e) os recursos de despacho do Relator, previstos na lei processual militar ou no Regimento Interno;
VIII - decidir os conflitos de competência de Conselhos de Justiça e de Juízes-Auditores entre si, ou entre estes e aqueles, bem como os de atribuições entre autoridades administrativas e judiciária, militares;
IX - restabelecer, mediante avocatória, a sua competência quando invadida por Juiz inferior;
X - conceder desaforamento de processo;
XI - resolver, por decisão sua ou despacho do Relator, nos termos da lei processual militar, questão prejudicial surgida no curso do processo submetido ao seu julgamento, com a determinação das providências que se tornarem necessárias;
XII - determinar as medidas preventivas e assecuratórias previstas na lei processual militar, em processo originário, ou durante o julgamento de recurso em decisão sua ou por intermédio do Relator;
XIII - decretar a prisão preventiva, revogá-la ou estabelecê-la, por decisão sua, ou por intermédio do Relator, em processo originário, ou mediante representação de encarregado de inquérito policial militar, em que se apure crime de indiciado sujeito a seu julgamento, em processo originário;
XIV - conceder ou revogar menagem ou liberdade provisória por decisão sua ou do Relator em processo originário;
XV - aplicar medida provisória de segurança, por decisão sua ou do Relator, em processo originário;
XVI - determinar a restauração de autos extraviados ou destruídos, nos termos da lei processual militar;

XVII - remeter ao Procurador-Geral de Justiça ou à autoridade competente, para o procedimento legal cabível, cópia de peças ou documentos constantes de processo sob seu julgamento, quando, em qualquer deles, verificar a existência de crime que deva ser apurado;
XVIII - apreciar representação que lhe seja feita pelo órgão do Ministério Público, Conselho de Justiça, ou Juiz-Auditor, no interesse da Justiça Militar;
XIX - determinar, quando julgar necessário, correição geral ou especial em Auditoria ou cartório judicial;
XX - determinar a instauração de sindicância ou inquérito administrativo, sempre que julgar necessário;
XXI - decidir, em sessão secreta, a classificação ou promoção de Juiz-Auditor, a fim de ser feita a nomeação ou a promoção pelo Governador do Estado;
XXII - elaborar, alterar e modificar o Regulamento dos Serviços Auxiliares da Justiça Militar do Estado;
XXIII - elaborar e aprovar as propostas orçamentárias, anual e plurianual, da Justiça Militar, e todas as alterações que se fizerem necessárias durante a sua execução (art. 1º, *a*, da Lei nº 6.717, de 12.06.74);
XXIV - autorizar a expedição de todos os atos administrativos que acarretem aplicação de dotações orçamentárias, inclusive os relativos a vencimentos, vantagens, gratificações, diárias e passagens (art. 1º, *b*, da Lei nº 6.717, de 12.06.74);
XXV - autorizar o afastamento, para fora do território do Estado, do Presidente, ou de qualquer membro do Tribunal, em objeto de serviço ou de representação;
XXVI - praticar todos os demais atos da sua competência, por força de lei ou do Regimento Interno do Tribunal, inclusive baixar atos administrativos relativamente aos seus magistrados e servidores.

Seção III - Da substituição no Tribunal

Art. 235 - O Presidente do Tribunal será substituído nas suas licenças, faltas ou impedimentos, pelo Vice-Presidente e, este pelos demais membros, na ordem decrescente de antigüidade.

Parágrafo único - A antigüidade do Juiz, no Tribunal, regula-se: (a) pela posse; (b) pela nomeação; e (c) pela idade.

Art. 236 - Em caso de afastamento, a qualquer título, de Juiz, por período superior a trinta (30) dias, os feitos em seu poder e aqueles em que tenha lançado relatório, como os que pôs em mesa para julgamento, serão redistribuídos aos demais membros do Tribunal, mediante oportuna compensação.

§ 1º - O julgamento que tiver sido iniciado prosseguirá, computando-se os votos já proferidos, ainda que o magistrado afastado seja o Relator.

§ 2º - Somente quando indispensável para decidir nova questão surgida no julgamento, será dado substituto ao ausente, cujo voto então, não se computará.

Art. 237 - Serão redistribuídos, mediante oportuna compensação, os *habeas-corpus*, os mandados de segurança e os feitos que, consoante fundada alegação do interessado, reclamem solução urgente, sempre que o afastamento do Juiz for por período igual ou superior a três (3) dias.

Art. 238 - Em caso de vaga, ressalvados os processos referidos no artigo anterior, os demais serão atribuídos ao nomeado para preenchê-la.

Art. 239 - Para compor o *quorum* de julgamento, o Juiz, nos casos de ausência, suspeição ou impedimento eventual, será substituído na forma prevista no Regimento Interno.

Art. 240 - A redistribuição de feitos, a substituição nos casos de ausência ou impedimento eventual e a convocação para completar o *quorum* de julgamento não autorizam a concessão de qualquer vantagem, salvo diárias e transportes, se for o caso.

Capítulo III - Dos órgãos de direção e de fiscalização do Tribunal Militar

Seção I - Da Presidência do Tribunal Militar

Art. 241 - Compete ao Presidente do Tribunal Militar:

I - presidir às sessões do Tribunal, apurando o vencido, e, bem assim, não consentindo interrupções nem uso da palavra a quem não houver sido concedida;

II - manter a regularidade dos trabalhos no Tribunal, mandando retirar da sala das sessões que perturbarem a ordem e autuá-las no caso de desacato ao Juiz, a órgão do Ministério Público, Assistente Judiciário ou funcionário do Tribunal;

III - corresponder-se com as autoridades públicas sobre todos os assuntos que se relacionem com a administração da Justiça Militar;

IV - representar o Tribunal nas solenidades e atos oficiais;
V - dar posse e deferir o compromisso legal a Juiz-Auditor e ao Diretor-Geral da Secretaria do Tribunal;
VI - atestar a efetividade dos Juízes e dos Juízes-Auditores;
VII - proferir voto em matéria administrativa e nas questões de inconstitucionalidade, tendo somente voto de desempate nos demais julgamentos;
VIII - proferir voto, com caráter de qualidade no caso de empate, nas questões administrativas, exceto em recurso de decisão sua;
IX - decidir questões de ordem suscitadas por Juiz, pelo Procurador de Justiça ou por advogado, ou submetê-las ao Tribunal, se a este couber a decisão;
X - fazer comunicações ao Tribunal, em sessão secreta ou não, que entender necessárias;
XI - convocar sessão extraordinária, secreta ou não, do Tribunal, quando entender necessário, ou convertê-la em secreta, nos casos previstos em lei ou no Regimento Interno;
XII - suspender a sessão, se assim entender necessário, para ordem nas discussões e resguardo da sua autoridade;
XIII - conceder a palavra ao Procurador de Justiça e, pelo tempo permitido no Regimento Interno, a advogado que funcione no feito, podendo, após advertência, cassar-lhes a palavra, no caso de emprego de linguagem desrespeitosa ao Tribunal, à autoridade judiciária ou administrativa;
XIV - zelar pelo funcionamento regular da Justiça Militar e perfeita exação das autoridades judiciárias e funcionários, no cumprimento dos seus deveres, expedindo as portarias, recomendações e provimentos que entender convenientes;
XV - determinar sindicância ou instauração de inquérito administrativo, quando julgar necessário;
XVI - providenciar no cumprimento dos julgados do Tribunal por autoridade judiciária ou administrativa a que incumba fazê-lo;
XVII - providenciar na execução da sentença, nos processos de competência originária do Tribunal;
XVIII - decidir sobre o cabimento de recurso extraordinário e, no caso de deferimento, mandar encaminhá-lo ao Supremo Tribunal Federal, nos termos da lei;
XIX - aplicar penas disciplinares da sua competência, reconsiderá-las, relevá-las ou revê-las;
XX - julgar desertos e renunciados, por simples despacho, os recursos de pena disciplinar que aplicar, quando não interpostos no prazo legal;

XXI - determinar as providências necessárias para a realização de concurso, de acordo com as instruções expedidas pelo Tribunal, nomeando os examinadores;
XXII - assinar os atos de nomeação dos cargos, cujo provimento pertencer ao Tribunal;
XXIII - assinar, com os Juízes, os acórdãos do Tribunal e, com o Secretário, as atas das suas sessões, depois de aprovadas;
XXIV - conhecer de reclamação escrita de interessado, em caso que especificar, relativamente a atendimento por funcionário do Tribunal, em serviço que lhe couber pela natureza do cargo;
XXV - conhecer e decidir *ad referendum* do Tribunal, durante as férias deste, pedido de *habeas-corpus*, ouvido o órgão do Ministério Público (art. 470, § 2º, do Código de Processo Penal Militar);
XXVI - expedir salvo-conduto a paciente, em caso de *habeas-corpus* preventivo concedido, ou para preservação da liberdade;
XXVII - requisitar força policial para garantia dos trabalhos do Tribunal ou dos seus Juízes, bem como para garantia do exercício da Justiça Militar;
XXVIII - requisitar oficial para acompanhar oficial condenado, quando este estiver no Tribunal, após o julgamento, tendo em atenção o seu posto, a fim de ser apresentado à autoridade militar competente;
XXIV - convocar, mediante autorização do Tribunal, para as substituições necessárias, Oficiais e Juízes-Auditores de acordo com a lei.

Seção II - Da Vice-Presidência do Tribunal

Art. 242 - Compete ao Vice-Presidente:
I - suceder o Presidente nos casos de vaga, e substituí-lo nos casos de licença ou impedimentos temporários, na forma estabelecida no Regimento Interno;
II - exercer, cumulativamente, as funções de Corregedor da Justiça Militar;
III - atestar a efetividade e despachar os atos administrativos referentes ao Presidente.
Art. 243 - O exercício do cargo de Vice-Presidente não impede que o seu titular seja contemplado na distribuição de processos e funcione como Juiz.
Art. 244 - O Vice-Presidente poderá ser eleito para o período seguinte, no caso de sucessão do Presidente por prazo inferior a um ano.

Seção III - Da Corregedoria-Geral da Justiça Militar

Art. 245 - A Corregedoria-Geral da Justiça Militar, órgão de fiscalização e orientação, com jurisdição em todo o território do Estado, regulada no Regimento Interno do Tribunal Militar, além das funções de correição permanente dos serviços judiciários e administrativos das Auditorias, terá as atribuições previstas no Código de Processo Penal Militar (art. 498).

Capítulo IV - Das disposições comuns

Art. 246 - Compete, ainda, ao Tribunal, por qualquer de seus órgãos, exercer outras atribuições não especificadas neste Código, decorrentes de lei.

Capítulo V - Da organização e competência dos Conselhos de Justiça

Seção I - Da organização dos Conselhos de Justiça

Art. 247 - Os Conselhos de Justiça têm as seguintes categorias:

I - Conselho Especial de Justiça, para processar e julgar Oficiais;

II - Conselho Permanente de Justiça, para processar e julgar os acusados que não sejam Oficiais;

III - Conselho de Justiça nas Unidades ou Organizações equivalentes, para o julgamento de deserção de Praças.

§ 1º - Os Conselhos Especiais de Justiça serão constituídos do Juiz-Auditor e de quatro (4) Juízes militares, sob a presidência de um Oficial Superior, de posto mais elevado que o dos demais Juízes, ou de maior antigüidade, no caso de igualdade de posto.

§ 2º - Os Conselhos Permanentes de Justiça serão constituídos do Juiz-Auditor, de um (1) Oficial Superior, como Presidente, e de três (3) Oficiais, Capitães ou Tenentes.

§ 3º - Os Conselhos de Justiça nas Unidades ou Organizações equivalentes serão constituídos por um (1) Capitão, como Presidente, e dois (2) Oficiais de menor posto, sendo Relator o que seguir em posto ao Presidente. Servirá de Escrivão um Sargento designado pela autoridade que houver nomeado o Conselho.

§ 4º - O Tribunal Militar poderá determinar o sorteio de Conselhos Especiais ou Permanentes que funcionarão com o Juiz-Auditor Substituto, sem prejuízo dos que estejam funcionando com o Juiz-Auditor titular.

Art. 248 - Os Juízes militares que integrarem os Conselhos Especiais serão de posto superior ao do acusado, ou de maior antigüidade, quando do mesmo posto.

Art. 249 - Os Juízes militares dos Conselhos Especiais ou Permanentes serão sorteados dentre Oficiais incluídos nas listas organizadas pela Brigada Militar e trimestralmente remetidas a cada Auditoria, até o dia cinco (5) do último mês do trimestre.

§ 1º - O Conselho Especial de Justiça será constituído para cada processo e se dissolverá depois de concluídos os seus trabalhos, reunindo-se, novamente, por convocação do Juiz-Auditor, se sobrevier nulidade do processo ou do julgamento, ou diligência determinada pelo Tribunal Militar.

§ 2º - O Conselho Permanente de Justiça, uma vez constituído, funcionará durante três (3) meses consecutivos.

§ 3º - Se, na convocação, estiver impedido de funcionar algum dos Juízes, será sorteado outro Oficial para substituí-lo.

Art. 250 - Os Conselhos Especiais ou Permanentes funcionarão na sede das Auditorias, salvo casos especiais, por motivo relevante de ordem pública ou de interesse da Justiça e pelo tempo indispensável, mediante deliberação do Tribunal Militar.

Art. 251 - Os Conselhos de Justiça nas Unidades e Organizações equivalentes funcionarão por um trimestre, sendo-lhes submetidos, sucessivamente, os processos de deserção, cujos acusados tenham sido capturados ou se tenham apresentado.

§ 1º - Os Juízes, nesses Conselhos, serão nomeados, segundo escala previamente organizada, pelos respectivos Comandantes de Unidades ou chefes de Organizações equivalentes. Os Conselhos funcionarão na Unidade ou estabelecimento em que servir o acusado.

§ 2º - Caso não haja, na Unidade ou Organizações equivalentes, oficiais em número suficiente para a constituição do Conselho, será o desertor julgado na Unidade ou Organizações equivalentes, mais próximas em que puder ser formado o Conselho, a critério do Comandante-Geral da Brigada Militar. Para esse efeito será o acusado transferido ou mandado adir a uma daquelas Organizações, até ser julgado a final.

§ 3º - Qualquer dos Juízes, que funcione em Conselho de Justiça julgador de deserção, poderá ser substituído pela autoridade nomeante, quando o exigirem os interesses do serviço militar e mediante a necessária justificação.

Art. 252 - Os Conselhos de Justiça podem instalar-se ou funcionar com a maioria de seus membros, sendo obrigatória, porém, a presença do Juiz-Auditor, nos Conselhos Especiais e Permanentes.

Parágrafo único - Na sessão de julgamento, exige-se o comparecimento e voto de todos os Juízes.

Art. 253 - Excepcionalmente, por falta de Oficiais da ativa, poderão figurar nas listas Oficiais da reserva, independente de convocação para o serviço ativo, para comporem os Conselhos Especiais ou Permanentes.

§ 1º - Sorteado que for o Oficial da reserva para compor os Conselhos a que se refere o artigo, é irrecusável o desempenho da função, aplicando-se-lhe, no caso, o que preceitua o art. 257 a partir da data do sorteio.

§ 2º - As alterações que se verificarem nas relações devem ser comunicadas, mensalmente, à Auditoria competente, inclusive a existência de novos Oficiais em condições de servirem como Juízes.

§ 3º - Não sendo remetida no devido tempo a relação de Oficiais, os Juízes serão sorteados pela relação do trimestre anterior, consideradas as alterações que ocorrerem.

§ 4º - Não serão incluídos na relação:
I - o Comandante-Geral e os Oficiais de seu gabinete;
II - o Chefe e Subchefe do Estado Maior;
III - o Chefe e Oficiais da Casa Militar do Governador, bem como os Assistentes Militares das Presidências dos Poderes;
IV - os Oficiais do Quadro de Professores da Academia da Polícia Militar.

Art. 254 - O sorteio do Conselho Especial de Justiça será feito pelo Juiz-Auditor, na presença do Promotor Público, e do acusado, se estiver preso, em audiência pública (art. 403 do Código de Processo Penal Militar).

§ 1º - O sorteio dos Juízes para o Conselho Permanente de Justiça será realizado, pela mesma forma, até o dia dez (10) do último mês do trimestre anterior.

§ 2º - O resultado do sorteio dos Juízes constará dos autos do processo e de ata lavrada pelo Escrivão, em livro próprio, assinada pelo Juiz-Auditor e pelo Promotor Público, e será comunicado à autoridade militar competente para providenciar na apresentação dos Oficiais sorteados à sede da Auditoria, no prazo de cinco (5) dias.

§ 3º - O Oficial que houver integrado o Conselho Permanente de Justiça de um trimestre não será sorteado para o Conselho seguinte, salvo se, para a constituição deste último, houver insuficiência de Oficiais.

Art. 255 - Os Juízes Militares dos Conselhos de Justiça ficarão dispensados, nos dias de sessão, dos serviços militares.

Art. 256 - Se for sorteado Oficial que esteja no gozo de férias regulamentares ou no desempenho de Comissão ou serviço fora da sede da Auditoria e, por isso, não possa comparecer à sessão de instalação do Conselho, será sorteado outro que o substituirá definitivamente.

§ 1º - Será também substituído, de modo definitivo, o Oficial que for preso, responder a inquérito, a processo ou entrar em licença para tratamento de saúde.

§ 2º - Tratando-se de nojo ou gala, o Oficial sorteado em substituição de outro servirá pelo tempo da falta legal do substituto. No caso de suspeição, porém, substituirá o Juiz impedido somente no processo em que aquela ocorrer.

Art. 257 - O Oficial que, sem justa causa, deixar de comparecer a qualquer sessão do Conselho de Justiça, sofrerá a perda das vantagens funcionais do dia correspondente à falta, mediante desconto em folha de pagamento à vista de comunicação do Juiz-Auditor ao Comando Geral, ou Comandante de Área de Policiamento, ou Diretor de Diretoria, ou Comandante de Unidade ou Organização equivalente em que estiver servindo o faltoso.

§ 1º - Se faltar o Juiz-Auditor, sem justa causa, ser-lhe-á feito idêntico desconto, por ordem do Presidente do Tribunal, após comunicação do Presidente do Conselho.

§ 2º - No caso de falta do Promotor Público ou do Assistente Judiciário será feita comunicação ao Procurador-Geral de Justiça ou ao Procurador-Geral do Estado, pelo Presidente do Tribunal, para os devidos fins.

Art. 258 - Havendo co-réus no mesmo processo, servirá de base à constituição do Conselho a patente do acusado de maior posto.

§ 1º - Se a acusação abranger Oficial e Praça, ou civil, haverá um só Conselho Especial de Justiça, perante o qual responderão todos os acusados.

§ 2º - Aplica-se a mesma regra em tratando de assemelhado a Oficial, ou de Praça.

Seção II - Da competência dos Conselhos de Justiça

Art. 259 - Compete aos Conselhos Especiais e Permanentes de Justiça:

I - processar e julgar os delitos previstos na legislação penal militar ou em lei especial, ressalvada a competência privativa do Tribunal Militar e a dos Conselhos de Unidades e Organizações equivalentes;
II - decretar a prisão preventiva do denunciado, revogá-la ou restabelecê-la;
III - converter em prisão preventiva a detenção de indiciado, ou ordenar-lhe a soltura, desde que não se justifique a sua necessidade;
IV - conceder menagem e liberdade provisória, bem como revogá-las;
V - decretar medidas preventivas e assecuratórias nos processos pendentes do seu julgamento;
VI - declarar a inimputabilidade de indiciado ou de acusado, nos termos da lei penal militar, quando, no inquérito ou no curso do processo, tiver sido verificada aquela condição, mediante exame médico-legal;
VII - decidir as questões de direito ou de fato, suscitadas durante a instrução criminal ou o julgamento;
VIII - ouvir o Órgão do Ministério Público, para se pronunciar na sessão a respeito de questões suscitadas;
IX - praticar os demais atos que lhes competirem por força da lei processual penal militar.
Parágrafo único - Compete aos Conselhos de Justiça nas Unidades e Organizações equivalentes a instrução criminal e o julgamento de Praças, graduadas, ou não, em Praças especiais, conforme o artigo 247, inc. III, desta lei.

Seção III - Da Presidência dos Conselhos de Justiça

Art. 260 - Compete ao Presidente dos Conselhos Especiais ou Permanentes de Justiça:
I - abrir as sessões, presidi-las e apurar o vencido;
II - nomear Assistente Judiciário ao acusado que não indicar defensor e curador ao ausente ou incapaz;
III - manter a regularidade dos trabalhos de instrução e julgamento dos processos, mandando retirar da sala da sessão as pessoas que perturbarem a ordem e autuá-las, no caso de desacato a Juiz, Promotor Público, Assistente Judiciário ou servidor;
IV - conceder, pelo tempo legal, a palavra ao Promotor Público, ou assistente, e ao defensor, podendo, após advertência, cassar-lhes a palavra, no caso do emprego de linguagem desrespeitosa ao Conselho ou à autoridade judiciária ou administrativa;

V - impedir o uso de armas por parte dos presentes às sessões;
VI - resolver questões de ordem suscitadas pelas partes ou submetê-las à decisão do Conselho, ouvido, na ocasião, o Órgão do Ministério Público ou o defensor do acusado;
VII - receber os recursos interpostos, no curso da instrução ou do julgamento do processo e as apelações, enquanto o Conselho não houver encerrado a sessão;
VIII - mandar constar da ata da sessão os incidentes nela ocorridos;
IX - mandar proceder, ao início de cada sessão, à leitura da ata da sessão anterior.

Parágrafo único - São extensivas ao Presidente do Conselho de Justiça nas Unidades e Organizações equivalentes, no que couber, as atribuições previstas nos números I a VI e VIII deste artigo.

Capítulo VI - Das auditorias

Seção Única

Art. 261 - Em cada Auditoria serão lotados um (1) cargo de Juiz-Auditor, um (1) cargo de Juiz-Auditor Substituto, um (1) cargo de Escrivão, um (1) cargo de Oficial Ajudante, um (1) cargo de Oficial de Justiça e os cargos de Oficial Escrevente e de Servente constantes de quadro próprio de lotação.

Parágrafo único - Os quadros de lotação e o horário de expediente das Auditorias serão estabelecidos por resolução do Tribunal Militar.

Art. 262 - As auditorias ficam investidas de jurisdição plena, no âmbito de seu território, sobre todos os militares da Brigada Militar, as pessoas que lhes são assemelhadas e todos quantos fiquem sujeitos a processo e julgamento da competência da Justiça Militar do Estado, nos termos da lei.

Capítulo VII - Dos Juízes-Auditores

Seção I - Da carreira de Juiz-Auditor

Art. 263 - A carreira de Juiz-Auditor compreende:
a) Juiz do Tribunal Militar;
b) Juiz-Auditor de entrância final;
c) Juiz-Auditor de entrância intermediária;

d) Juiz-Auditor Substituto.

Art. 264 - O ingresso na carreira far-se-á em cargo de Juiz-Auditor Substituto, mediante concurso público de provas e títulos, realizado pelo Tribunal Militar com a participação da OAB.

Parágrafo único - Os cargos de Juiz-Auditor de entrância inicial serão providos, alternadamente, por promoção, pelo critério de merecimento e de antigüidade, de Juízes-Auditores Substitutos, e de Juízes-Auditores de entrância inicial, respectivamente, estes com interstício mínimo de dois (2) anos na entrância.

Art. 265 - Poderão inscrever-se no concurso, para o cargo de Juiz-Auditor Substituto, doutores ou bacharéis em Direito, brasileiros natos, com idade não inferior a vinte e cinco (25) anos nem superior a quarenta (40) anos, salvo se o candidato for ocupante de cargo público estadual de provimento efetivo, hipótese em que este limite será de quarenta e cinco (45) anos.

§ 1º - Competirá ao Tribunal em sessão secreta e pela maioria absoluta de seus membros, decidir, de plano e conclusivamente, a respeito da admissão de candidatos, atendendo às qualidades morais e aptidões para o cargo, bem como efetuar o julgamento das duas (2) fases do concurso, até final classificação dos candidatos, tudo apreciado por livre convicção.

§ 2º - O concurso terá validade de dois (2) anos, prorrogável por igual tempo a critério do Tribunal Militar, e os candidatos nele aprovados serão nomeados pelo Governador do Estado, segundo ordem de classificação.

Art. 266 - O Juiz-Auditor Substituto, mesmo enquanto não adquirir a vitaliciedade, na forma constitucional, não perderá o cargo senão por proposta do Tribunal, adotada pelo voto de, no mínimo, dois terços de seus membros efetivos.

Parágrafo único - Apresentada a proposta de exoneração ao Governador do Estado, o Juiz-Auditor Substituto ficará, automaticamente, afastado de suas funções (art. 17, § 2º, da Lei Complementar nº 35, de 14.03.79).

Art. 267 - Os Juízes-Auditores residirão, obrigatoriamente, na sede da respectiva Auditoria, cabendo-lhes nela comparecer, diariamente, nos horários estabelecidos por resolução do Tribunal.

Parágrafo único - Revogado (Lei nº 8.763/88).

Art. 268 - Revogado (Lei nº 8.763/88).

Seção II - Da competência dos Juízes-Auditores

Art. 269 - Compete ao Juiz-Auditor:

I - substituir, por convocação do Presidente do Tribunal Militar, Juiz civil, para completar, como vogal, *quorum* de julgamento;
II - decidir sobre o recebimento de denúncia, pedido de arquivamento ou devolução do inquérito ou representação;
III - relaxar ou manter, por despacho fundamentado, a prisão que lhe for comunicada por autoridade encarregada das investigações policiais;
IV - decretar ou não, por despacho fundamentado, a prisão preventiva de indiciado em inquérito, a pedido do respectivo encarregado;
V - requisitar das autoridades civis ou militares, as providências necessárias ao andamento do processo e esclarecimento do fato;
VI - requisitar a realização de exames e perícias;
VII - determinar as diligências necessárias ao esclarecimento de processo;
VIII - nomear peritos;
IX - relatar os processos nos Conselhos de Justiça e redigir no prazo de oito (8) dias as sentenças e decisões;
X - proceder, em presença do Promotor Público, e do réu, quando for o caso, ao sorteio dos Conselhos;
XI - expedir mandados de prisão e alvarás de soltura;
XII - decidir sobre o recebimento dos recursos interpostos;
XIII - executar as sentenças, exceto as proferidas em processo originário do Tribunal Militar, salvo delegação deste;
XIV - renovar, de seis (6) em seis (6) meses, junto às autoridades competentes, diligências para a captura de condenados;
XV - comunicar imediatamente à autoridade a que estiver subordinado o acusado as decisões a este relativas;
XVI - decidir pedido de livramento condicional;
XVII - remeter ao Tribunal Militar, dentro do prazo de dez (10) dias, os autos de inquéritos arquivados ou processos julgados, dos quais não hajam sido interpostos recursos;
XVIII - apresentar ao Presidente do Tribunal Militar, até o dia cinco (5) de janeiro, o relatório dos trabalhos da Auditoria, no ano anterior;
XIX - aplicar penas disciplinares aos funcionários lotados nas Auditorias;
XX - instaurar inquéritos administrativos, quando entender necessário ou tiver ciência de irregularidades praticadas por funcionários lotados nas Auditorias;

XXI - dar cumprimento às normas legais sobre a escrituração de carga e descarga de material;

XXII - remeter à Corregedoria, mensalmente, a relação dos processos em andamento na Auditoria, com justificativa de eventuais atrasos, tendo em vista o que preceitua o art. 390 do CPP Militar;

XXIII - praticar os demais atos que, em decorrência da lei, forem de sua atribuição.

Capítulo VIII - Da competência dos Juízes-Auditores Substitutos

Seção única

Art. 270 - O Juiz-Auditor Substituto tem a mesma competência dos Juízes-Auditores, exercendo-a cumulativamente com a do titular da respectiva Auditoria, e assumindo a inteira jurisdição da mesma nos casos de vacância do cargo de Juiz-Auditor, ou de férias, licenças ou afastamentos do titular.

Parágrafo único - A distribuição de atribuições será regulada através de planos de trabalhos elaborados pela Corregedoria-Geral e aprovados pelo Tribunal.

Capítulo IX - Do Ministério Público

Seção única

Art. 271 - O Ministério Público, junto ao Tribunal Militar, será representado por um Procurador da Justiça e, perante as Auditorias, por Promotores Públicos, todos da carreira do Quadro da Procuradoria-Geral da Justiça e terão as atribuições previstas na lei processual penal militar, na Lei Orgânica do Ministério Público Estadual e demais leis que disciplinam a atividade de tais agentes.

Capítulo X - Da Assistência Judiciária Oficial

Seção I

Art. 272 - A defesa das Praças da Brigada Militar, nos processos criminais a que forem submetidas, será feita obrigatoriamente por Assistente Judiciário, salvo se o acusado, por iniciativa própria, constituir advogado.

Art. 273 - Os Assistentes Judiciários serão designados pelo Procurador-Geral do Estado, mediante solicitação do Presidente do Tribunal Militar, para servir nas Auditorias.

Seção II - Das atribuições dos Assistentes Judiciários

Art. 274 - Ao Assistente Judiciário incumbe:

I - nos processos a que respondem Praças:

a) acompanhar-lhes todos os termos até final sentença;

b) arrazoá-los e fazer a defesa oral do acusado, perante os Conselhos de Justiça;

c) arrolar testemunhas, inquiri-las e reinquirí-las, bem como requerer diligências e informações;

d) interpor recursos e requerer as medidas legais cabíveis, inclusive oferecer embargos a acórdãos do Tribunal Militar;

e) apelar, obrigatoriamente, das sentenças condenatórias, nos processos de deserção;

f) requerer revisão criminal;

g) requerer suspensão da pena ou livramento condicional, nos casos previstos em lei;

h) requerer a extinção da punibilidade ou a reabilitação, bem como impetrar *habeas-corpus*;

II - em quaisquer processos, servir de curador ou defensor, quando nomeado pelo Presidente do Conselho ou pelo Juiz-Auditor;

III - representar ao Conselho de Justiça ou ao Juiz-Auditor, quanto ao cumprimento de suas decisões ou despachos, em benefício de Praças, ou para a proteção destas, nos termos da lei, quando presas ou sujeitas à prisão, em decorrência de processo criminal.

Capítulo XI - Dos serviços auxiliares da Justiça Militar

Seção única

Art. 275 - Os Serviços Auxiliares da Justiça Militar do Estado, constituídos pela Secretaria do Tribunal Militar e pelos cartórios das Auditorias, são organizados por resolução (art. 13 da Lei nº 6.357, de 16.12.71).

§ 1º - A organização administrativa e funcionamento da Secretaria do Tribunal Militar, bem como as atribuições de seus servidores, serão fixados em regulamento.

§ 2º - A Secretaria do Tribunal Militar será exercida pelo Diretor-Geral, bacharel em Direito, nomeado em comissão ou sobre a forma de função gratificada, nos termos da lei.

§ 3º - Haverá em cada Auditoria em cartório, com os funcionários constantes do quadro previsto em lei.

§ 4º - Os Escrivães e os Oficiais Escreventes, bem como os seus Substitutos, e os Oficiais de Justiça, no exercício dos seus cargos, têm fé pública nos atos de ofício.

§ 5º - A mesma fé têm os atos dos demais auxiliares efetivos do cartório, quando subscritos pelo respectivo escrivão ou substituto em exercício.

§ 6º - O regime de trabalho e o horário de expediente dos Serviços Auxiliares são regulados em lei (art. 6º da Lei nº 6.357, de 16.12.71).

Capítulo XII - Dos Escrivães e Oficiais Escreventes

Seção única

Art. 276 - São atribuições do Escrivão:
I - estar presente no cartório durante o expediente;
II - ter em boa guarda os autos e papéis a seu cargo e os que, por força do ofício, receber das partes;
III - conservar o cartório em boa ordem e classificar por espécie, número e ordem cronológica, os autos e papéis a seu cargo, quer em andamento, quer arquivados;
IV - redigir, em forma legal e de modo legível, manuscrita ou datilograficamente, os termos do processo, mandados, precatórias, depoimentos, atas das sessões dos Conselhos e demais atos próprios de seu ofício;
V - diligenciar no cumprimento de decisões ou despachos de Conselho de Justiça ou Juiz-Auditor, para notificação ou intimação das partes ou interessados, testemunhas, advogados e ofendido, a fim de comparecerem em dia, lugar e hora determinados, no curso do processo, bem como cumprir quaisquer outros atos que lhe incumbam por dever de ofício;
VI - lavrar procuração *apud acta*;

VII - prestar às partes interessadas informações verbais, que lhe forem pedidas, sobre processos em andamento, salvo no caso de se proceder em segredo de justiça;
VIII - fornecer, independentemente de despacho, certidões, *verb ad verbum*, ou narratórias, quando requeridas por advogado ou órgão do Ministério Público, e não versarem sobre assunto sigiloso;
IX - acompanhar o Juiz-Auditor nas diligências de ofício;
X - numerar e rubricar as folhas dos autos e quaisquer peças deles extraídas;
XI - manter atualizada e lançar em livro próprio a relação de todos os móveis e utensílios do cartório;
XII - providenciar no registro das sentenças e decisões dos Conselhos de Justiça e do Juiz-Auditor;
XIII - anotar, por ordem alfabética, os nomes dos réus condenados e a data da condenação, bem como a pena aplicada e a sua terminação;
XIV - anotar, em ordem cronológica, a entrada dos processos e sua remessa à instância superior ou a outro juízo, bem como as devoluções que tiverem ocorrido;
XV - providenciar para que o cartório seja provido dos livros classificadores, fichas e demais materiais necessários à boa guarda e à ordem dos processos;
XVI - distribuir o serviço do cartório entre Escreventes juramentados e demais auxiliares, fiscalizando-o e representando ao Juiz-Auditor sobre irregularidades que ocorrerem, em prejuízo do andamento do processo ou da boa ordem do serviço, desde que as suas determinações não sejam obedecidas;
XVII - fornecer ao Juiz-Auditor, de seis (6) em seis (6) meses, a relação dos processos parados no cartório;
XVIII - providenciar na correspondência administrativa do cartório;
XIX - remeter anualmente ao Juiz-Auditor, até o dia cinco (5) de janeiro, relatório das atividades do cartório.
Parágrafo único - O Escrivão assim como os Oficiais Escreventes juramentados são diretamente subordinados ao Juiz-Auditor perante o qual servirem.
Art. 277 - Incumbe ao Oficial Escrevente juramentado:
I - comparecer à hora marcada às audiências e estar presente no cartório, durante o expediente;
II - auxiliar o Escrivão, podendo, neste caráter, ser encarregado de todo o serviço do cartório, inclusive exercer as atribuições a

que se refere o inc. IV do artigo anterior, sendo os atos referendados pelo Escrivão;
   III - lavrar procuração *apud acta*, quando estiver funcionando em audiência.
   Art. 278 - Incumbe aos demais auxiliares do cartório exercer as atribuições pertinentes aos seus cargos, que lhes forem determinadas pelo Juiz-Auditor ou distribuídas pelo Escrivão.
   Art. 279 - Aos Oficiais de Justiça incumbe:
   I - fazer, de acordo com a lei processual penal militar, as citações por mandado, bem como as notificações e intimações de que forem encarregados;
   II - dar contrafé, bem como certidão, dos atos e diligências que tiverem cumprido;
   III - lavrar autos e efetuar prisões, bem como medida preventiva ou assecuratória, que haja sido determinada por Conselho de Justiça ou Juiz-Auditor;
   IV - convocar pessoas idôneas que testemunhem atos de seu ofício, quando a lei o exigir;
   V - executar as ordens do Presidente do Conselho de Justiça e do Juiz-Auditor;
   VI - apregoar a abertura e o encerramento das sessões do Conselho de Justiça;
   VII - fazer a chamada das partes e testemunhas;
   VIII - passar certidão de pregões e a fixação de editais;
   IX - auxiliar o serviço das Auditorias pela forma ordenada pelo Juiz-Auditor ou pelo Escrivão.
   Art. 280 - Em suas faltas e impedimentos, os Oficiais de Justiça serão substituídos por quem o Juiz-Auditor nomear *ad hoc*.

TÍTULO III - DAS DISPOSIÇÕES DIVERSAS

Capítulo I - Do compromisso, posse e exercício

Seção única

   Art. 281 - Aplicam-se aos magistrados e aos servidores da Justiça Militar do Estado, quanto ao compromisso, posse e exercício, o que dispõem o Estatuto da Magistratura e o Estatuto dos Servidores da Justiça, respectivamente. Os magistrados ou funcionários da Justiça Militar não poderão tomar posse e entrar em exercício sem que hajam prestado o compromisso de fiel cumprimento dos seus deveres e atribuições.

Art. 282 - Será registrada, obrigatoriamente, em seguida do termo de posse, a indicação dos bens e valores que constituírem o patrimônio do nomeado.

Art. 283 - Os Juízes, os Juízes-Auditores, os Assistentes Judiciários, o Secretário do Tribunal, os Escrivães e os Oficiais de Justiça usarão, nas sessões e audiências, os vestuários e insígnias estabelecidos no Regimento Interno do Tribunal Militar.

Art. 284 - São competentes para dar posse:
I - o Tribunal Militar aos seus Juízes;
II - o Presidente do Tribunal aos Juízes-Auditores, seus respectivos substitutos, Diretor-Geral e demais funcionários do Tribunal;
III - os Juízes-Auditores aos funcionários lotados nas Auditorias.

Capítulo II - Das incompatibilidades

Seção única

Art. 285 - Não podem servir conjuntamente Juízes, agentes do Ministério Público, advogados e Escrivães que tenham entre si parentesco consangüíneo ou afim em linha ascendente ou descendente ou colateral, até o terceiro grau inclusive, por vínculo de adoção.

Parágrafo único - No caso de nomeação, a incompatibilidade resolve-se antes da posse, contra o último nomeado ou contra o menos idoso, se a nomeação for da mesma data; depois da posse, contra o que lhe deu causa, e, se a incompatibilidade for imputada a ambos, contra o mais moderno.

Capítulo III - Das substituições

Seção única

Art. 286 - Os Juízes, Juízes-Auditores e funcionários dos serviços auxiliares da Justiça Militar serão substituídos nas suas licenças, faltas ou impedimentos:
I - o Presidente do Tribunal, pelo Vice-Presidente, e, na falta deste, pelo Juiz mais antigo;

II - os Juízes militares, por Oficiais da Brigada Militar, do mais alto posto, mediante convocação na forma do inc. XXIX do art. 241;

III - os Juízes civis, por Juízes-Auditores;

IV - os Juízes-Auditores, pelos seus substitutos legais;

V - o Presidente do Conselho Especial ou Permanente, pelo Oficial imediato em posto ou antigüidade;

VI - os Juízes do Conselho Especial ou Permanente, mediante sorteio;

VII - o Presidente e os Juízes do Conselho de Justiça de Unidades e Organizações equivalentes, por Oficial designado pelo Comandante da Unidade ou Chefe da Organização;

VIII - os Escrivães, por Oficial Escrevente e este, por outro auxiliar do ofício, mediante designação do Juiz-Auditor.

Parágrafo único - A convocação do Juiz, a que se refere os incs. I e III, far-se-á para completar como vogal o *quorum* de julgamento.

Capítulo IV - Das licenças, férias e interrupções do exercício

Seção única

Art. 287 - As licenças serão concedidas:

I - pelo Tribunal Militar, aos seus Juízes e aos Juízes-Auditores, mediante pedido escrito, encaminhado por intermédio do Presidente;

II - pelo Presidente do Tribunal, aos funcionários dos serviços auxiliares, mediante pedido escrito.

Parágrafo único - Os requerimentos para licença de tratamento de saúde deverão ser instruídos com laudo da junta médica de saúde da Brigada Militar, facultando-se ao Tribunal proceder às diligências que entender cabíveis.

Art. 288 - Os Juízes do Tribunal gozarão sessenta (60) dias de férias coletivas nos períodos de 02 a 31 de janeiro e de 02 a 31 de julho.

§ 1º - Os Juízes-Auditores e os Juízes-Auditores Substitutos gozarão dois (2) meses de férias individuais, de uma só vez ou em períodos de trinta (30) dias, sendo um deles, para os titulares, preferentemente, no mês de janeiro ou de julho.

§ 2º - O Presidente e o Vice-Presidente do Tribunal terão direito a férias individuais de sessenta (60) dias, na forma regulada no Regimento Interno.
§ 3º - É vedada a acumulação de férias ou a sua conversão em tempo de serviço.
Art. 289 - Qualquer interrupção de exercício, seja qual for o motivo que a ocasione, será comunicada, por escrito, ao Presidente do Tribunal.
Art. 290 - Em casos não previstos neste capítulo, quanto a licenças, férias ou interrupções do exercício, aplicam-se as disposições da legislação especial reguladora do assunto.

Capítulo V - Da disciplina judiciária

Seção única

Art. 291 - Aos Juízes do Tribunal, aos Juízes-Auditores, bem como aos servidores da Justiça Militar do Estado, aplicam-se, respectivamente, disposições constantes do Estatuto da Magistratura e do Estatuto dos Servidores da Justiça no pertinente à disciplina judiciária.
Art. 292 - O processo administrativo por infração de que possa resultar demissão será instaurado por determinação do Tribunal Militar.
Art. 293 - As infrações disciplinares dos Promotores Públicos, Assistentes Judiciários, perante autoridade judiciária ou no curso do processo, serão comunicadas ao Procurador-Geral da Justiça e ao Procurador-Geral do Estado para os fins de direito.
Art. 294 - São competentes para aplicação das penas:
I - o Tribunal Militar, aos seus membros e aos Juízes-Auditores;
II - o Presidente do Tribunal Militar, ao Diretor-Geral e aos funcionários dos Serviços Auxiliares, salvo o caso do inciso seguinte;
III - o Juiz-Auditor, aos servidores que lhe são subordinados, nos casos de advertência e censura.
Art. 295 - O membro do Tribunal, Juiz-Auditor ou servidor a quem estiver sido imposta pena disciplinar, poderá recorrer, pedindo reconsideração ou relevação.
Art. 296 - Os recursos para o Tribunal Militar, das decisões que aplicarem penas disciplinares, serão interpostos dentro do prazo de cinco (5) dias, contados da intimação.

TÍTULO IV

Capítulo único - Das disposições finais e transitórias

Art. 297 - A Corte de Apelação da Justiça Militar passa a denominar-se Tribunal Militar.

Art. 298 - Vetado.

Art. 299 - Serão criados, na Justiça Militar do Estado, dois (2) cargos de Juiz-Auditor Substituto, com os vencimentos de Juiz de Direito de entrância inicial.

Parágrafo único - Para o provimento destes cargos deverão ser indicados, em lista tríplice, se possível, candidatos aprovados em concurso público já realizado para o provimento de cargo de Juiz-Auditor.

Art. 300 - Vetado.

Art. 301 - O Tribunal Militar, no prazo de sessenta (60) dias, baixará o Regulamento dos Serviços Auxiliares da Justiça Militar do Estado, adaptado a esta lei.

Art. 302 - Esta lei entrará em vigor na data de sua publicação, revogadas as disposições em contrário.

Legislação Complementar

Relação das leis que alteraram dispositivos do COJE

Lei nº 8.915/89; Lei nº 8.967/89; Lei nº 9.074/90; Lei nº 9.159/90; Lei nº 9.177/90; Lei nº 9.194/91; Lei nº 9.189/91; Lei nº 9.266/91; Lei nº 9.420/91; Lei nº 9.460/91; Lei nº 9.485/91; Lei nº 9.662/92; Lei nº 9.840/93; Lei nº 9.880/93; Lei nº 10.050/94; Lei nº 10.051/94; Lei nº 10.195/94; Lei nº 10.377/95; Lei nº 10.404/95; Lei nº 10.405/95; Lei nº 10.544/95; *Lei nº 10.720/96; Provimento nº 11/96-CGJ; Lei nº 10.780/96; Lei nº 10.973/97; Lei nº 11.053/97; Lei nº 11.133/98; Lei nº 11.419/00; Lei nº 11.430/00; Lei nº 11.442/00; Lei nº 11.848/02; Lei nº 11.984/03.*

LEI Nº 10.720, DE 17 DE JANEIRO DE 1996.

Cria Comarcas, Foro Regional, Varas, Cargos e dá outras providências.

O Governados do Estado do Rio Grande do Sul.

Faço saber, em cumprimento ao disposto no artigo 82, inciso IV, da Constituição do Estado, que a Assembléia Legislativa aprovou e eu sanciono e promulgo a Lei seguinte:

Título I - Da Corregedoria-Geral da Justiça

Art. 1º - Vetado.
Art. 2º - Vetado.
Art. 3º - Vetado.

Título II - Da Classificação em Entrâncias

Art. 4º - Ficam elevadas para a entrância intermediárias as Comarcas de Cachoeirinha, Frederico Westphalen, Guaiba, Osório e Venâncio Aires.

Título III - Da Criação de Comarcas

Art. 5º - Fica criada a Comarca de Parobé, integrada pelo Município de Parobé.

Parágrafo único - Fica criado um cargo de Juiz de Direito de entrância Inicial e um Cartório judicial, bem como:
a) 1 (um) cargo de Escrivão, PJ-J;
b) 1 (um) cargo de Distribuidor-Contador, PJ-J;
c) 1 (um) cargo de Oficial Ajudante, PJ-I;
d) 3 (três) cargos de Oficial Escrevente, PJ-G-I;
e) 1 (um) cargo de Auxiliar de Serviços Gerais, PJ-B;
f) 2 (dois) cargos de Oficial de Justiça, PJ-H.

Art. 6º - Fica criada a Comarca de Teutônia, integrada pelos Municípios de Teutônia, Imigrante, Paverama e Poço das Antas.

Parágrafo único - Fica criado um cargo de Juiz de Direito de entrância Inicial e um Cartório judicial, bem como:
a) 1 (um) cargo de Escrivão, PJ-J;
b) 1 (um) cargo de Distribuidor-Contador, PJ-J;
c) 1 (um) cargo de Oficial Ajudante, PJ-I;
d) 3 (três) cargos de Oficial Escrevente, PJ-G-I;
e) 1 (um) cargo de Auxiliar de Serviços Gerais, PJ-B;
f) 2 (dois) cargos de Oficial de Justiça, PJ-H.

Art. 7º - Fica criada a Comarca de Vera Cruz, integrada pelos Municípios de Vera Cruz e Vale do Sol.

Parágrafo único - Fica criado um cargo de Juiz de Direito de entrância Inicial e um Cartório judicial, bem como:
a) 1 (um) cargo de Escrivão, PJ-J;
b) 1 (um) cargo de Distribuidor-Contador, PJ-J;
c) 1 (um) cargo de Oficial Ajudante, PJ-I;
d) 3 (três) cargos de Oficial Escrevente, PJ-G-I;
e) 1 (um) cargo de Auxiliar de Serviços Gerais, PJ-B;
f) 2 (dois) cargos de Oficial de Justiça, PJ-H.

Art. 8º - Fica criada a Comarca de Rodeio Bonito, integrada pelos Municípios de Rodeio Bonito, Jaboticaba, Pinhal e Cerro Grande.

Parágrafo único - Fica criado um cargo de Juiz de Direito de entrância Inicial e um Cartório judicial, bem como:
a) 1 (um) cargo de Escrivão, PJ-J;
b) 1 (um) cargo de Distribuidor-Contador, PJ-J;
c) 1 (um) cargo de Oficial Ajudante, PJ-I;
d) 3 (três) cargos de Oficial Escrevente, PJ-G-I;
e) 1 (um) cargo de Auxiliar de Serviços Gerais, PJ-B;
f) 2 (dois) cargos de Oficial de Justiça, PJ-H.

Título IV - Da Criação de Foro Regional

Art. 9º - Ficam criados, na Comarca de Porto Alegre, 4 (quatro) cargos de Juiz de Direito de entrância final e 4 (quatro) Varas Regionais, denominadas 1ª e 2ª Varas Cíveis e 1ª e 2ª Varas Criminais, bem como os respectivos Cartórios e cargos:
a) 4 (quatro) cargos de Escrivão, PJ-J;
b) 1 (um) cargo de Distribuidor-Contador, PJ-J;
c) 4 (quatro) cargos de Oficial Ajudante, PJ-I;
d) 18 (dezoito) cargos de Oficial Escrevente, PJ-G-I;
e) 4 (quatro) cargos de Auxiliar de Serviços Gerais, PJ-B;
f) 4 (quatro) cargos de Oficial de Justiça, PJ-H;
g) 4 (quatro) função gratificada de Oficial Escrevente Auxiliar, PG-PJ-B

Título V - Da Criação de Varas

Art. 10 - Ficam criados, na Comarca de Carazinho, uma Vara Judicial, denominada 3ª Vara, o respectivo cargo de Juiz de Direito de entrância intermediária e o 3º Cartório Judicial, bem como:
a) 1 (um) cardo de Escrivão, PJ-J;
b) 1 (um) cargo de Oficial Ajudante. PJ-I;
c) 3 (três) cargos de Oficial Escrevente, PJ-G-I;
d) 1 (um) cargo de Auxiliar de Serviços Gerais, PJ-B;
e) 1 (um) cargo de Oficial de Justiça, PJ-H;
f) 1 (uma) função gratificada de Oficial Escrevente Auxiliar do Juiz, PG-PJ-B.

Art. 11 - Ficam criados, na Comarca de Estrela, uma Vara Judicial, denominada 2ª Vara, o respectivo cargo de Juiz de Direito de entrância e o 2º Cartório Judicial, bem como:
a) 1 (um) cardo de Escrivão, PJ-J;
b) 1 (um) cargo de Oficial Ajudante. PJ-I;
c) 3 (três) cargos de Oficial Escrevente, PJ-G-I;
d) 1 (um) cargo de Auxiliar de Serviços Gerais, PJ-B;
e) 1 (um) cargo de Oficial de Justiça, PJ-H;
f) 1 (uma) função gratificada de Oficial Escrevente Auxiliar do Juiz, PG-PJ-B.

Art. 12 - Ficam criados, na Comarca de Lajeado, uma Vara Cível, o respectivo cargo de Juiz de Direito de entrância intermediária e, sob o regime estatizado, o 3º Cartório Cível, bem como: (Lei 11.419/00)
a) 1 (um) cardo de Escrivão, PJ-J;

b) 1 (um) cargo de Oficial Escrevente, PJ-G-I;
c) 2 (dois) cargos de Oficial de Justiça, PJ-H;
d) 1 (uma) função gratificada de Oficial Escrevente Auxiliar de Juiz, PG-PJ-B.

Parágrafo único - As atuais 2ª e 3ª Varas Judiciais ficam transformadas, respectivamente, em 2ª Vara Cível e 1ª Vara Criminal, ficando a 1ª Vara Judicial transformadas em 1ª Vara Cível, permanecendo os Cartórios Cíveis no sistema privatizado.

Art. 13 - Ficam criados, na Comarca de Erechim, uma Vara Cível, denominada 2ª Vara Cível, o respectivo cargo de Juiz de Direito de entrância intermediária e o 2º Cartório Cível, sob o regime de custas privatizadas, bem como:
a) 1 (um) cargo de Escrivão, PJ-J;
b) 1 (um) cargo de Oficial Escrevente, PJ-G-I;
c) 2 (dois) cargos de Oficial de Justiça, PJ-H;
d) 1 (uma) função gratificada de Oficial Escrevente Auxiliar do Juiz, FG-PJ-B.

Parágrafo único - As atuais 1ª e 2ª Varas Judiciais ficam transformadas, respectivamente, em 1ª e 2ª Varas Criminais, ficando a 3ª Vara Judicial transformada em 1ª Vara Cível, permanecendo o Cartório Judicial no sistema privatizado.

Art. 14 - Ficam criados, na Comarca de Guaíba, duas Varas Cíveis, denominadas 2ª Vara Cível e 3ª Vara Cível, os respectivos cargos de Juiz de Direito de entrância intermediária, bem como o 2º Cartório Cível e o 3º Cartório Cível, sob o regime de custas privatizadas, além dos seguintes cargos:
a) 2 (dois) cargos de Escrivão, PJ-J;
b) 2 (dois) cargos de Oficial Escrevente; PJ-G-I;
c) 4 (quatro) cargos de Oficial de Justiça, PJ-H;
d) 2 (duas) funções gratificadas de Oficial Escreventes Auxiliar do Juiz, PG-PJ-B.

Parágrafo único - As atuais 1ª e 2ª Varas Judiciais ficam transformadas, respectivamente, em 1ª e 2ª Varas Criminais, ficando a 3ª Vara Judicial transformada em 1ª Vara Cível, passando o Cartório Judicial ao sistema privatizado, ressalvada a situação do atual titular.

Art. 15 - Ficam criados, na Comarca de Gravataí, uma Vara Cível, denominada 2ª Vara Cível, o respectivo cargo de Juiz de Direito de entrância Intermediária e o 2º Cartório Cível, sob o regime de custas privatizadas bem como:
a) 1 (um) cargo de Escrivão, PJ-J;
b) 1 (um) cargo de Oficial Escrevente, PJ-G-I;

c) 2 (dois) cargos de Oficial de Justiça, PJ-H;
d) 1 (uma) função gratificada de Oficial Escrevente Auxiliar do Juiz, PG-PJ-B;

Parágrafo único - As atuais 1ª e 2ª Varas judiciais ficam transformadas, respectivamente, em 1ª e 2ª Varas Criminais, ficando a 3ª Vara Judicial transformada em 1ª Vara Cível, permanecendo o Cartório Judicial no sistema privatizado, ressalvada a situação do atual titular.

Art. 16 - Ficam criados, na Comarca de Santa Cruz do Sul, uma Vara Cível, denominada 2ª Vara Cível, o respectivo cargo de Juiz de Direito de entrância intermediária e o 3º Cartório Cível, sob o regime de custas privatizadas, bem como:
a) 1 (um) cargo de Escrivão, PJ-J;
b) 1 (um) cargo de Oficial Escrevente, PJ-G-I;
c) 2 (dois) cargos de Oficial de Justiça, PJ-H;
d) 1 (uma) função gratificada de Oficial Escrevente Auxiliar do Juiz, PG-PJ-B.

Art. 17 - Ficam criados, na Comarca de Lagoa Vermelha, uma Vara Judicial, denominada 3ª Vara, o respectivo cargo de Juiz de Direito de entrância inicial e o 3º Cartório Judicial, bem como:
a) 1 (um) cargo de Escrivão, PJ-J;
b) 1 (um) cargo de Oficial Ajudante, PJ-I;
c) 3 (três) cargos de Oficial Escrevente. PJ-G-I;
d) 1 (um) cargo de Auxiliar de Serviços Gerais, PJ-B;
e) 2 (dois) cargos de Oficial de Justiça, PJ-H.

Art. 18 - Ficam criados, na Comarca de Cachoeirinha, uma Vara Judicial, denominada 3ª Vara, o respectivo cargo de Juiz de Direito de entrância intermediária e o 3º Cartório Judicial, bem como:
a) 1 (um) cargo de Escrivão, PJ-J;
b) 1 (um) cargo de Oficial Ajudante, PJ-I;
c) 3 (três) cargos de Oficial Escrevente, PJ-G-I;
d) 1 (um) cargo de Auxiliar de Serviços Gerais, PJ-B;
e) 2 (dois) cargos de Oficial de Justiça, PJ-H;
f) 1 (um) cargo de Oficial de Proteção de Infância e da Juventude, PJ-G-I.

Art. 19 - Ficam criados, na Comarca de Porto Alegre, 4 (quatro) cargos de Juiz de Direito de entrância final e 2 (duas) Varas Cíveis, denominadas 17ª Vara Cível e 18ª Vara Cível, bem como os respectivos Cartórios, sob o regime de custas privatizadas, e os seguintes cargos:
a) 2 (dois) cargos de Escrivão, PJ-J;

b) 2 (dois) cargos de Oficial Escrevente, PJ-G-I;
c) 2 (dois) cargos de Oficial de Justiça, PJ-H;
d) 2 (duas) funções gratificadas de oficial Escrevente Auxiliar de Juiz, PG-PJ-B.

Art. 20 - Ficam criados, na Comarca de Porto Alegre, 2 (dois) cargos de Juiz de Direito de entrância final e 1 (uma) Vara da Fazenda Pública, denominada 7ª Vara da Fazenda Pública, bem como o respectivo Cartório, sob o regime de custas privatizadas, e os seguintes cargos:
a) 1 (um) cargo de Escrivão, PJ-J;
b) 1 (um) cargo de Oficial Escrevente, PJ-G-I;
c) 1 (um) cargo de Oficial de Justiça, PJ-H;
d) 1 (uma) função gratificada de Oficial Escrevente Auxiliar de Juiz, FG-PJ-B.

Título VI - Dos Cartórios Judiciais Integrados

Art. 21 - Ficam criados Cartórios Judiciais Integrados nos Municípios de Capão do Leão (Comarca de Pelotas), Cidreira (Comarca de Tramandaí), Eldorado do Sul (Comarca de Guaíba), Salto do Jacuí (Comarca de Arroio do Tigre) e Terra de Areia (Comarca de Osório), bem como os seguintes cargos:
a) 5 (cinco) cargos de Escrivão Judicial, PJ-J;
b) 10 (dez) cargos de Oficial Escrevente, PJ-G-I;
c) 5 (cinco) cargos de Oficial de Justiça, PJ-H;
d) 5 (cinco) cargos de Auxiliar de Serviços Gerais, PJ-B.

§ 1º - A competência desses Cartórios Judiciais e a designação de Magistrado para sua jurisdição serão determinadas pelo Conselho da Magistratura.

§ 2º - O Juiz de Direito designado receberá 50% da gratificação de substituição prevista nos artigos 70 e 72 da Lei nº 6.929, de 2 de dezembro de 1975.

§ 3º - Os vencimentos dos cargos criados neste artigo para os Cartórios Judiciais Integrados deverão corresponder aos valores fixados para as Comarcas de entrância inicial.

Título VII - Dos Cartórios-Arquivo

Art. 22 - Ficam criados, Cartórios-Arquivos nas Comarcas de Canoas, Caxias do Sul, Novo Hamburgo, Passo Fundo, Pelotas, Rio Grande, Santa Maria, Santo Ângelo e Viamão, bem como os seguintes cargos:
a) 9 (nove) cargos de Oficial de Arquivo, PJ-H;

b) 9 (nove) cargos de Oficial de Escrevente, PJ-G-I;

§ 1º - As atribuições do Cartório-Arquivo, vinculados à Direção do Foro, serão fixadas por ato do Conselho da Magistratira.

§ 2º - As atribuições do cargo de Oficial de Arquivo, categoria criada por esta Lei, são as constantes do anexo.

§ 3º - Fica alterado o inciso III, do artigo 7º, da Lei nº 9.011/85, com a redação dada pela Lei nº 8.638/88, que passa a ser o seguinte:

"III - Oficial Ajudante, PJ-I, nomeação para Oficial de Arquivo, PJ-H ou Oficial Escrevente, PJ-G-I."

Título VIII - Da Estenotipia Eletrônica

Art. 23 - O artigo 1º da Lei nº 9.999, de 25 de novembro de 1993, revogado o seu parágrafo único, passa a ter a seguinte redação:

"Art. 1º - É instituída, nos serviços Auxiliares da Justiça de 1º e 2º Graus, a gratificação por exercício de atividade de Estenotipia (GEAE), correspondente a 50% (cinqüenta por cento) do vencimento básico do cargo de Oficial Superior Judiciário, classe M".

§ 1º - A gratificação instituída no *caput* não incorporável ao vencimento ou aos proventos, é incompatível com a percepção cumulativa de Funções Gratificadas ou Cargos em Comissão de Estenotipista e Coordenador (da estenotipia), do Tribunal de Alçada, Criadas pela Lei nº 8.276, de 11/12/1986, inclusive quando estas estiverem incorporadas.

§ 2º - O funcionário, enquanto cursando treinamento em Estenotipia Eletrônica, terá direito à percepção de 50% (cinqüenta por cento) da gratificação instituída no *caput*.

Art. 24 - Ficam criados nos Serviços Auxiliares de Justiça de 1º Grau, Comarcas de Porto Alegre, 40(quarenta) cargos de Oficial Escrevente, padrão PJ-G-I.

Art. 25 - Ficam criados no Quadro de Pessoal Efetivo dos Serviços Auxiliares do Tribunal de Justiça 20 (vinte) cardos de Oficial Superior Judiciário, Classe M.

Título IX - Da Criação de Cargos

Art. 26 - Ficam transformados os cargos de "Comissário de Menores", PJ-G-I, em "Oficial de Proteção da Infância e da Juventude", PJ-G-I.

§ 1º - Fica alterada a síntese dos deveres e atribuições do "Oficial de Proteção da Infância e Juventude", anexa à Lei nº 7.305/79, conforme síntese anexa.

§ 2º - Ficam criados 18 (dezoito) cargos de Oficial de Proteção da Infância e da Juventude para locação nas Varas Regionais da Infância e da Juventude de Caxias do Sul, Pelotas, Santa Maria, Passo Fundo, Novo Hamburgo, Osório, Santa Cruz do Sul, Uruguaiana, Santo Angelo (dois em cada Comarca).

Art. 27 - Ficam criados os seguintes cargos:

a) no Juizado Regional da Infância e Juventude de Porto Alegre, um Ofício Judicial Junto ao Segundo Juízo, bem como 1 (um) cargo de Escrivão (PJ-J), 1 (um) cargo de Oficial Escrevente (PJ-G-I) e 1 (uma) função gratificada de Oficial Escrevente Auxiliar do Juiz (PG-PJ-B);

b) nos Juizados Regionais da Infância e da Juventude das Comarcas de Porto Alegre, Novo Hamburgo, Pelotas, Santa Maria, Caxias do Sul, Passo Fundo e Uruguaiana, 7 (sete) cargos de Assistente Social Judiciário, PJ-J;

c) na Comarca de Farroupilha, 2 (dois) cargos de Oficial da Justiça, PJ-H, 2 (dois) cargos de Oficial Escrevente, PJ-G-I, e 1 (um) cargo de Auxiliar de Serviços Gerais, PJ-B;

d) na Comarca de Igrejinha, 1 (um) cargo de Oficial Escrevente, PJ-G-I;

e) na Comarca de Encruzilhada do Sul, 1 (um) cargo de Oficial de Justiça, PJ-H;

f) na Comarca de Santa Maria, na 5ª Vara Cível, instituída pela Lei nº 10.401, de 02 de junho de 1985, 1 (um) cargo de Juiz de Direito de entrância intermediária, 1 (um) cargo de Escrivão, PJ-J, 1 (um) cargo de Oficial Ajudante, PJ-I, 2 (dois) cargos de Oficial Escrevente, PJ-G-I, 2 (dois) cargos de Oficial de Justiça, PJ-H, 1 (um) cargo de Auxiliar de Serviços Gerais, PJ-B, 1 (um) cargo de Assistente Social Judiciário, PJ-J, e 1 (uma) função gratificada de Oficial Escrevente Auxiliar do Juiz, PG-PJ-B.

Art. 28 - Fica acrescentado ao artigo 74 da Lei nº 7.356/80 (COJE), um parágrafo único com a seguinte redação:

"Parágrafo único - O Juiz de Direito Diretor do Foro poderá delegar parte das atribuições acima previstas a outro Magistrado. A delegação, acompanhada de concordância do Magistrado indicado, será submetida ao Corregedor-Geral da Justiça."

Art. 29 - Fica criada no Quadro de Funções Gratificadas dos Serviços Auxiliares da Justiça de 1º Grau, 1 (uma) função gratificada de Secretário da Direção do Foro de Porto Alegre, padrão FG-PJ-D, cujo valor fica fixado em R$ 262,50 (duzentos e sessenta e dois reais e cinqüenta centavos), cabendo a indicação por tal função ao Juiz de Direito Diretor do Foro de Porto Alegre, recaindo a escolha em Escrivão de entrância final.

Título X - Outras Providências

Art. 30 - O artigo 4º da Lei nº 9.896, de 9 de junho de 1993, que criou os Juizados Regionais da Infância e da Juventude, retificando-se a denominação do Terceiro Juízo do Juizado Regional da Infância e da Juventude de Porto Alegre, passa a vigorar com a seguinte redação:

"Art. 4º - Fica criado o Terceiro Juízo do Juizado Regional da Infância e da Juventude da Comarca de Porto Alegre."

Art. 31 - As despesas decorrentes desta Lei correrão à conta de dotações orçamentárias próprias.

Art. 32 - Esta Lei entra em vigor na data de sua publicação.

Art. 33 - Revogam-se as disposições em contrário.

Palácio Piratini, em Porto Alegre 17 de janeiro de 1996.

VICENTE BOGO
Governador do Estado
em exercício

PROVIMENTO Nº 11/96

Oficial Distrital e de Sede Municipal. Classes não previstas na nova lei. Atribuições correspondentes a dos tabeliães, Exegese da Lei nº 8.935/94, para que sejam autorizados a lavrar testamentos públicos e aprovar testamentos cerrados, mediante adoção dos livros próprios.

O Desembargador Guilherme Oliveira de Souza Castro, Corregedor-Geral da Justiça, no uso de suas atribuições legais conferidas pelo art. 44 do COJE, e tendo em vista os termos da Lei nº 8.935/94, que regulamenta a atividade de Tabeliães e Registradores.

Considerando que a mencionada lei não previu as figuras de Oficial Distrital e de Sede Municipal, mas apenas diferenciou entre Tabeliães e Registradores;

Considerando que as classes de Oficial Distrital e de Sede Municipal São criações da lei estadual, não pode contrariar a lei federal;

Considerando que, segundo as disposições do art. 146 do COJE, as atribuições dos Oficiais Distritais e de Sede Municipal são as mesmas atribuições dos Tabeliães, exceto a de lavrar testamentos públicos e aprovar testamentos cerrados (art. 133);

Considerando que a lei estadual não pode excepcionar contra disposição de artigo lei federal, resolve

Prover:

Art. 1º - Ficam os Oficiais de Sede Municipal e Distritais autorizados a lavrar testamentos públicos e aprovar testamentos cerrados.

Art. 2º - Para atender às disposições do presente, deverão os Oficiais de Sede Municipal e Distritais abrir os livros próprios.

Publique-se.
Cumpra-se.
Porto Alegre, 10 de abril de 1996.

LEI Nº 10.780, DE 7 DE MAIO DE 1996.

Altera a estrutura da Corregedoria-Geral da Justiça e da outras providências.

O Governador do Estado do Rio Grande do Sul.

Faço saber, em cumprimento ao disposto no artigo 82, inceso IV,da Constituição do Estado, que a Assembleia Legislativa aprovou e eu sanciono e promulgo a Lei seguinte:

Art. 1º - Fica criada a função de Vice-Corregedor-Geral da Justiça, bem como um cargo de Desembargador.

Parágrafo único - Fica criado um cargo de Secretário de Desembargador padrão CCJ-10/FGJ-10.

Art. 2º - O artigo 40, seu parágrafo 1º e o artigo 41 da Lei Estadual nº 7.356/80 (COJE), passam a ter a seguinte redação:

"Art. 40 - A Corregedoria-Geral da Justiça, órgão de fiscalização, disciplina e orientação administrativa, com jurisdição em todo o Estado, será presidida por um Desembargador, com o título de Corregedor-Geral da Justiça, que será substituído por outro Desembargador, com título de Vice-Corregedor-Geral da Justiça, auxiliados por Juízes Corregedores.

§ 1º - O Corregedor-Geral e o Vice-Corregedor-Geral, eleito pelo prazo previsto para o mandato do Presidente (art. 30), ficarão afastados de suas funções ordinárias, salvo como Vogais perante o Tribunal Pleno.

...

Art. 41 - O Corregedor-Geral da Justiça será substituído em suas férias, licenças e impedimentos, pelo Vice-Corregedor-Geral da Justiça, enquanto este seá substituído pelo Desembargador que se lhe seguir em ordem da antigüidade, excluídos os que exercem funções no Tribunal Regional Eleitoral.

Parágrafo único - O Regimento Interno do Tribunal de Justiça poderá conferir ao Vice-Corregedor-Geral da Justiça outras atribuições específicas entre aquelas conferidas ao Corregedor-Geral da Justiça."

Art. 3º - Fica criada a gratificação de direção para o Vice-Corregedor-Geral da Justiça no valor de 18% sobre os vencimentos.

Art. 4º - O artigo 71, parágrafo único, número 3, da Lei Estadual nº 6.929/75 (Estatuto da Magistratura Estadual) passa a ter a seguinte redação:

"3º) 18% ao Vice-Presidente do Tribunal de Alçada ao Corregedor-Geral da Justiça e ao Vice-Corregedor-Geral da Justiça."

Art. 5º - As despesas decorrentes da execução da presente Lei correrão a conta de dotações orçamentárias próprias.

Art. 6º - Esta Lei entra em vigor na data de sua publicação.

Art. 7º - Revogam-se as disposições em contrario.

Palácio Piratini, em Porto Alegre, 7 de maio de 1996.

ANTONIO BRITTO
Governador do Estado

LEI Nº 10.973, DE 29 DE JUNHO DE 1997.

Cria cargo de Juiz de Direito e altera dispositivo da Lei nº 7.356, de 1º de fevereiro de 1980.

O Governador do Estado do Rio Grande do Sul.

Faço saber, em cumprimento ao disposto no artigo 82, inciso IV, da Constituição do Estado, que a Assembléia aprovou e eu sanciono e promulgo a Lei seguinte:

Art 1º - Fica ciado 1 (um) cargo de Juiz de Direito, de entrância final, com funções de Juiz-Corregedor.

"§ 1º - No artigo 43 *caput*, da Lei nº 7.356, de 1º de fevereiro de 1980 - COJE, alterado pela Lei nº 9.266, de 13 de junho de 1991, a expressão 'em número não superior a quinze (15)' passa a ter a redação de 'em número não superior a 16 (dezesseis)".

§ 2º - No artigo 84 *caput* da Lei nº 7.356, de 1º de fevereiro de 1980 - COJE, o quantitativo passa a ser '... 180 (cento e oitenta) ...'. No item XVI, do mesmo artigo, o quantitativo passa a ser '... 16 (dezesseis) ...'".

Art 2º - As despesas decorrentes da execução da presente Lei correrão à conta de dotações orçamentárias próprias.

Art. 3º - Esta Lei entra em vigor na data de sua publicação.

Art. 4º - Revogam-se as disposições em contrário.

Palácio Piratini, em Porto Alegre, 29 de junho de 1997.

ANTONIO BRITTO
Governador do Estado

LEI Nº 11.053, DE 12 DE DEZEMBRO DE 1997.

Altera o parágrafo único do artigo 174 do Código de Organização Judiciária - COJE - do Tribunal de Justiça do Estado.

O Goverdador do Estado do Rio Grande do Sul.

Faço saber, em cumprimento ao disposto no artigo 82, inciso IV, da Constituição do Estado, que a Assembléia Legislativa aprovou e eu sanciono e promulgo a Lei seguinte:

Art. 1º - O parágrafo único do artigo 174 do Código de Organização Judiciária do Estado, passa a vigorar com a seguinte redação:

"Art. 174 - ...

Parágrafo único - Os atos ocorridos nas audiências, inclusive as sentenças prolatadas, poderão ser registrados em aparelhos de gravação ou mediante taquigrafia ou estenotipia, para posterior transcrição, precedendo autorização do Corregedor-Geral da Justiça."

Art. 2º - Esta Lei entra em vigor na data de sua publicação.

Art. 3º - Revogam-se as disposições em contrário.

Palácio Piratini, em Porto Alegre, 12 de dezembro de 1997.

ANTONIO BRITTO
Governador do Estado

LEI Nº 11.133, DE 15 DE ABRIL DE 1998.

Dispõe sobre a unificação da Segunda Instância do Poder Judiciário do Estado do Rio Grande do Sul, com a extinção e subseqüente incorporação do Tribunal de Alçada pelo Tribunal de Justiça, com correlatas providências.

Art. 1º - Ficam criados, no Poder Judiciário, setenta e dois (72) cargos de Desembargador, os quais serão providos pelo Órgão Especial do Tribunal de Justiça, mediante promoção dos atuais Juízes do Tribunal de Alçada, observada a classe de origem.

Art. 2º - Fica extinto o Tribunal de Alçada do Estado do Rio Grande do Sul e os respectivos cargos de Juiz, a medida que vagarem.

Art. 3º - Ficam criadas as funções de 3º e 4º Vice-Presidentes.

Art. 4º - Ficam criadas, no Tribunal de Justica, dezessete (17) Câmaras, cuja composição e competência serão definidas na forma do artigo 6º.

Art 5º - Os Desembargadores não classificados em Câmaras Separadas exercerão as funções que lhes forem regimentalmente cometidas.

Parágrafo Único - Não integram as Câmaras o Presidente, os Vice-Presidentes, o Corregedor-Geral da Justiça e o Vice-Corregedor-Geral.

Art. 6º - O Tribunal de Justiça, por seu Órgão Especial, editará resolução, disciplinando:

I - a composição e competência de seus Grupos e Câmaras;

II - a redistribuição, aos órgãos do Tribunal de Justiça, dos processos em curso no Tribunal de Alçada, mantidas, sempre que possível, as vinculações decorrentes da anterior distribuição a Relator ou Revisor.

Art. 7º - Todas as modificações decorrentes desta lei serão implementadas sem solução de continuidade para o julgamento dos processos pendentes.

Art. 8º - Os bens patrimoniais do Tribunal de Alçada passam a integrar o acervo do Tribunal de Justiça.

Art. 9º - As verbas, dotações orçamentárias e previsões de despesas do Tribunal de Alçada serão alocadas ao orçamento do Tribunal de Justiça.

Art. 10 - Ficam alteradas as denominações da Seção II do Capítulo III, do Título II e da Seção I do Capítulo IV do Título V da Lei nº 7.356/80-COJE, bem como suprimidas quaisquer referências ao Tribunal de Alçada ou a Tribunais revogados os artigos 15, 16, 17, 22, 46, 47, 48, 49, 50, 51, 53, 56, 59, 63, 65, 66, 67 e 68, ficando suprimido, assim, todo o "Capítulo IV, Sessão I do Título II". Os artigos 5º, 6º, 7º, 8º e seu parágrafo único, 14, 18, 19, 20, 21, 23, 31, caput, 35, 36 e 195, parágrafo sexto, todos do Código de Organização Judiciária do Estado do Rio Grande do Sul, passam a ter a seguinte redação:

"Art. 5º - São Órgãos do Poder Judiciário do Estado, além dos que integram a Justiça Militar:
I - o Tribunal de Justiça;
II - os Juízes de Direito;
III - os Tribunais do Júri;
IV - os Juizados Especiais;
V - os Pretores;
VI - os Juízes de Paz."

"Art. 6º - O Tribunal de Justiça é constituído de cento e vinte e cinco (125) Desembargadores, com sede na Capital e jurisdição no território do Estado. Um quinto dos lugares do Tribunal será preenchido por advogados e membros do Ministério Público, nos termos da Constituição Federal."

"Art. 7º - São órgãos do Tribunal de Justiça:
I - o Tribunal Pleno;
II - os Grupos de Câmaras Criminais e os Grupos de Câmaras Cíveis;
III - as Câmaras Separadas, Cíveis e Criminais e as Câmaras de Férias;
IV - a Presidência e as Vice-Presidências;
V - o Conselho da Magistratura;
VI - a Corregedoria-Geral da Justiça;"

"Art. 8º - Divide-se o Tribunal em duas (2) Seções: Criminal e Cível.

Parágrafo único - O Tribunal de Justiça funcionará, ordinária ou extraordinariamente, em Tribunal Pleno, Grupos Criminais, Grupos Cíveis e Câmaras Separadas, Cíveis e Criminais.

"Art. 14 - A Seção Cível é constituída pelos Grupos Cíveis e pelas Câmaras Cíveis Separadas, designados por números ordinais."

"Art. 18 - A Seção Criminal é constituída pelos Grupos Criminais e pelas Câmaras Criminais Separadas, designados por números ordinais."

"Art. 19 - Os Grupos Criminais são formados por duas (2) Câmaras Criminais Separadas e, excepcionalmente, por três Câmaras.

Parágrafo Único - Exige-se, para seu funcionamento, a presença de, no mínimo, sete (7) Julgadores, incluindo o Presidente."

"Art. 20 - As sessões dos Grupos Criminais serão presididas por um dos Vice-Presidentes, substituído, em suas faltas ou impedimentos, pelo Desembargador mais antigo presente."

"Art. 21 - Os Grupos Cíveis são formados por duas (2) Câmaras Cíveis Separadas e, excepcionalmente, por três Câmaras.

Parágrafo Único - Exige-se a presença de, no mínimo, sete (7) Julgadores, incluindo o Presidente, para funcionamento dos Grupos Cíveis."

"Art. 23 - As sessões dos Grupos Cíveis serão presididas por um dos Vice-Presidentes, substituído, em suas faltas ou impedimentos, pelo Desembargador mais antigo presente."

"Art. 31 - Vagando o cargo de Presidente, assumirá o 1º Vice-Presidente, que completará o período presidencial. Dentro de dez (10) dias, a contar da vaga, realizar-se-á a eleição dos demais Vice-Presidentes."

"TÍTULO II
CAPÍTULO III - ....
SEÇÃO II - DAS VICE-PRESIDÊNCIAS DO TRIBUNAL DE JUSTIÇA"

"Art. 35 - A regra do artigo anterior, na ordem sucessiva, aplica-se ao 2º, 3º e 4º Vice-Presidentes."

"Art. 36 - O 4º Vice-Presidente, nas faltas e impedimentos, será substituído pelo Desembargador mais antigo do Tribunal."

"Art. 90 - Os Serviços Auxiliares da Justiça são constituídos pelos ofícios que integram o Foro Judicial e o Extrajudicial e, bem assim, o das Secretarias do Tribunal de Justiça."

"Art. 93 - A organização e classificação dos Serviços Auxiliares do Tribunal de Justiça são definidas nos respectivos Regimento Interno e Regulamentos."

"Art. 170 - As sessões, as audiências e o expediente do Tribunal de Justiça regular-se-ão pelo Regimento Interno."

"Art. 177 - No recinto do Tribunal e nas salas de audiência, haverá lugares especiais destinados a servidores, partes, advogados e mais pessoas cujo comparecimento seja obrigatório."

"Art. 181 - Nas audiências ou sessões do Tribunal, os juízes, os espectadores e as pessoas enumeradas no artigo anterior devem apresentar-se conveniente trajadas."

"TÍTULO V
CAPÍTULO IV - ...
SEÇÃO I - DAS FÉRIAS DO TRIBUNAL DE JUSTIÇA"
"Art. 185 - Os membros do Tribunal de Justiça gozarão férias coletivas de dois (2) a trinta e um (31) de janeiro e de dois (2) a trinta e um (31) de julho.

Parágrafo Único - O Tribunal de Justiça iniciará e encerrará seus trabalhos, respectivamente, no primeiro e último dias úteis de cada período, com a realização de sessão."

"Art. 195 - ...

§ 6º - A correição parcial, antes de distribuída, será processada pelo Presidente do Tribunal de Justiça ou por um de seus Vice-Presidentes, que poderá exercer as seguintes atribuições do Relator:"

Art. 11 - Os casos omissos serão resolvidos por resolução do Órgão Especial do Tribunal de Justiça, respeitados os princípios legais e constitucionais.

Art. 12 - Esta lei entra em vigor na data de sua publicação.

Art. 13 - Revogam-se as disposições em contrário.

PALÁCIO PIRATINI, em Porto Alegre, 15 de abril de 1998.

CACILDO DE ANDRADE XAVIER
Governador do Estado, em exercício.

LEI Nº 11.419, DE 06 DE JANEIRO DE 2000.

Altera o artigo 12 da Lei nº 10.720, de 17 de janeiro de 1996, e dá outras providências.

O Governador do Estado do Rio Grande do Sul.

Faço saber, em cumprimento ao disposto no artigo 82, inciso IV, da Constituição do Estado, que a Assembléia Legislativa aprovou e eu sanciono e promulgo a Lei seguinte:

Art. 1º - O art. 12 da Lei nº 10.720, de 17 de janeiro de 1996, passa a vigorar com a seguinte redação, mantido o atual parágrafo único:

"Art. 12 – Ficam criados, na Comarca de Lajeado, uma Vara Cível, denominada 3ª Vara Cível, o respectivo cargo de Juiz de Direito de entrância intermediária e, sob o regime estatizado, o 3º Cartório Cível, bem como:
 a) um (1) cargo de Escrivão, PJ-J;
 b) um (1) cargo de Oficial Escrevente, PJ-G-I;
 c) dois (2) cargos de Oficial de Justiça, PJ-H;
 d) uma (1) função gratificada de Oficial Escrevente Auxiliar de Juiz, FG-PJ-B."

Art. 2º - O art. 78, *caput*, da Lei nº 7.356, de 1º de fevereiro de 1980, COJE, passa a vigorar com a seguinte redação:
"Art. 78 – Salvo disposição especial, quando a Comarca for provida de quatro (4) Varas, duas (2) se denominarão Criminais e duas (2) Cíveis, numeradas, respectivamente, 1ª e 2ª, com as atribuições seguintes, além da distribuição respectiva da restante matéria criminal ou cível:"

Art. 3º - Esta Lei entra em vigor na data de sua publicação.
Art. 4º - Revogam-se as disposições em contrário.

PALÁCIO PIRATINI, em Porto Alegre, 6 de janeiro de 2000.

OLÍVIO DUTRA,
Governador do Estado.

LEI Nº 11.430, DE 07 DE JANEIRO DE 2000.

Altera dispositivos da Lei nº 7.356, de 1º de fevereiro de 1980, - Código de Organização Judiciária do Estado.

O Governador do Estado do Rio Grande do Sul.

Faço saber, em cumprimento ao disposto no artigo 82, inciso IV, da Constituição do Estado, que a Assembléia Legislativa aprovou e eu sanciono e promulgo a Lei seguinte:

Art. 1º - As alíneas *b* e *c* do artigo 37 da Lei nº 7.356, de 1º de fevereiro de 1980, - Código de Organização Judiciária do Estado - passam a vigorar com a seguinte redação:

"Art. 37 - ...

...

b) Vice-Presidentes do Tribunal de Justiça;

c) Corregedor-Geral da Justiça e o Vice-Corregedor-Geral da Justiça;

..."

Art. 2º - Esta Lei entra em vigor na data de sua publicação.

PALÁCIO PIRATINI, em Porto Alegre, 7 de janeiro de 2000.

OLÍVIO DUTRA
Governador do Estado.

LEI Nº 11.442, DE 18 DE JANEIRO DE 2000.

Altera disposições do Código de Organização Judiciária do Estado – COJE, cria cargos de Juiz de Direito Substituto de Entrância Final, cria cargos e funções nos serviços Auxiliares do Tribunal de Justiça e dá outras providências.

O Governador do Estado do Rio Grande do Sul.

Faço saber, em cumprimento ao disposto no artigo 82, inciso IV, da Constituição do Estado, que a Assembléia Legislativa aprovou e eu sanciono e promulgo a Lei seguinte:

Art. 1º - Fica substituída a expressão "Câmaras de Férias" nos artigos 7º, inciso III, *in fine* e 29, e a denominação da Subseção III, do Título II, Capítulo II, Seção IV do Código de Organização Judiciária do Estado – Lei nº 7.356, de 1º de fevereiro de 1980 – por "Câmaras Especiais".

Art. 2º - Ficam criados, na Comarca de Porto Alegre, 16 (dezesseis) cargos de Juiz de Direito Substituto de Entrância Final.

Art. 3º - Ficam criados os seguintes cargos e funções nos Serviços Auxiliares do Tribunal de Justiça para atuação junto às Camaras Especiais Cíveis e Criminais:
  I - No Quadro de Cargos de provimento efetivo:
   a) quinze (15) cargos de Oficial Superior Judiciário, classe "M";
   b) cinco (5) cargos de Auxiliar de Serviço, classe "B";
  II - No Quadro de Cargos em Comissão e Funções Gratificadas:
   a) dezesseis (16) cargos de Assessor de Desembargador, código 3.2.11;
   b) dezesseis (16) cargos de Secretário de Desembargador, código 3.2.10;
   c) duas (2) funções gratificadas de Secretário de Câmara, código 2.1.11;
   d) duas (2) funções gratificadas de Secretário Substituto de Câmara, código 2.1.10.

Art. 4º - Os quantitativos de cargos e funções criados pelo artigo 3º, para fins de consolidação, ficam adicionados àqueles estabelecidos e de mesma denominação na Lei nº 11.291, de 23 de dezembro de 1998.

Art. 5º - As despesas resultantes da presente Lei correrão à conta de dotações orçamentárias próprias.

Art. 6º - Esta Lei entra em vigor na data de sua publicação.

Art. 7º - Revogam-se as disposições em contrário.

PALÁCIO PIRATINI, em Porto Alegre, 18 de janeiro de 2000.

OLÍVIO DUTRA
Governador do Estado.

LEI Nº 11.848, DE 28 DE NOVEMBRO DE 2002.

Dispõe sobre cargos e funções na Justiça Estadual; altera disposições da Lei nº 7.356, de 1º de fevereiro de 1980 - COJE - e dá outras providências.

O Governador do Estado do Rio Grande Do Sul.

Faço saber, em cumprimento ao disposto no artigo 82, inciso IV, da Constituição do Estado, que a Assembléia Legislativa aprovou e eu sanciono e promulgo a Lei seguinte:

CAPTULO I - DISPOSIÇÕES PRELIMINARES

Art. 1º - Ficam extintas na estrutura organizacional do Tribunal de Justiça as funções de 4º Vice-Presidente e de Vice-Corregedor-Geral da Justiça.

Art. 2º - Fica elevado de vinte e nove para trinta o número de Câmaras Separadas do Tribunal de Justiça, com a composição, funcionamento e competência disciplinados por Resolução ou Ato Regimental editado pelo respectivo Órgão Especial.

CAPTULO II - ALTERA DISPOSIÇÕES DO COJE E DO ESTATUTO DA MAGISTRATURA

Art. 3º - Ficam alteradas as seguintes disposições das Leis nº 7.356, de 1º de fevereiro de 1980 (Código de Organização Judiciária do Estado - COJE) - e nº 6.929, de 2 de dezembro de 1975 - Estatuto da Magistratura:

I - os seguintes artigos, parágrafos e alíneas da Lei nº 7.356, de 1980 - COJE -, passam a vigorar com as seguintes redações:
"Art. 4º - ...
1º - ...
2º - As comarcas de difícil provimento serão fixadas por ato do Conselho da Magistratura, fazendo jus à gratificação de 15% (quinze por cento) sobre o vencimento de seu cargo os magistrados no exercício da função.

3º - O Conselho da Magistratura revisará anualmente, no primeiro trimestre, a lista das comarcas de difícil provimento, sem prejuízo da possibilidade de alteração a qualquer momento, havendo interesse da administração."

"Art. 19 - ...

Parágrafo único - Exige-se, para seu funcionamento, a presença de, no mínimo, 5 (cinco) Julgadores, incluindo o Presidente."

"Art. 20 - As sessões dos Grupos Criminais serão presididas pelo Desembargador mais antigo do Grupo, substituído, em suas faltas ou impedimentos, pelo Desembargador mais antigo presente."

"Art. 21 - ...

Parágrafo único - Exige-se a presença de no mínimo, 5 (cinco) Julgadores, incluindo o Presidente, para o funcionamento dos Grupos Cíveis."

"Art. 23 - As sessões dos Grupos Cíveis serão presididas pelo Desembargador mais antigo do Grupo, substituído, em suas faltas ou impedimentos, pelo Desembargador mais antigo do presente."

"Art. 25 - Para completar o quorum mínimo de funcionamento da Câmara, no caso de impedimento ou falta de mais de 2 (dois) de seus membros, será designado Juiz de outra, pela forma prevista no Regimento Interno do Tribunal."

"Art. 35 - A regra do artigo anterior, na ordem sucessiva, aplica-se ao 2º e 3º Vice-Presidentes."

"Art. 36 - O 3º Vice-Presidente, nas faltas de impedimentos, será substituído por qualquer dos outros Vice-Presidentes."

"Art. 37 - ...

...

c) Corregedor-Geral da Justiça;"

"Art. 40 - A Corregedoria-Geral da Justiça, órgão de fiscalização, disciplina e orientação administrativa, com jurisdição em todo o Estado, será presidida por um Desembargador, com o título de Corregedor-Geral da Justiça, auxiliado por Juízes-Corregedores.

1º - O Corregedor-Geral, eleito pelo prazo previsto para o mandato do Presidente (art. 30), ficará afastado de suas funções ordinárias, salvo como vogal perante o Tribunal Pleno."

"Art. 41 - O Corregedor-Geral da Justiça será substituído em suas férias, licenças e impedimentos, pelo Desembargador que se lhe seguir em ordem de antigüidade, excluídos os que exercem funções administrativas no Tribunal ou que exercem funções no Tribunal Regional Eleitoral."

II - O art. 71, parágrafo único, número 3, da Lei nº 6.929, de 2 de dezembro de 1975 (Estatuto da Magistratura Estadual), com

a redação dada pelo art. 4º da Lei nº 10.780, de 7 de maio de 1996, passa a ter a seguinte redação:
"3º) 18% ao Corregedor-Geral da Justiça."

CAPTULO III - DISPÕE SOBRE CARGOS E FUNÇÕES NA JUSTIÇA DE 1º E 2º GRAUS

Art. 4º - Ficam criados nos Serviços Auxiliares do Tribunal de Justiça, a que se refere a Lei nº 11.291, de 23 de dezembro de 1998, os seguintes cargos e funções:
I - no Quadro de Cargos em Comissão e Funções Gratificadas:
a) Secretaria dos Órgãos Julgadores:
1. duas funções gratificadas de Secretário de Câmara, código 2.1.11;
2. duas funções gratificadas de Secretário Substituto de Câmara, código 2.1.10.
b) Gabinete do Desembargador.
1. nove cargos de Assessor de Desembargador, código 3.2.11;
2. cinco cargos de Secretário de Desembargador, código 3.2.10.
II - no Quadro de Cargos de Provimento Efetivo, quatro cargos de carreira de Oficial Superior Judiciário, classe "m".
III - no Quadro de Emprego Público:
a) duas funções de Serviçal, referência salarial "B";
b) três funções de Oficial Artífice, referência salarial "F".
1º - Os quantitativos de cargos e funções criados neste artigo, para fins de consolidação, ficam adicionados àqueles estabelecidos e de mesma denominação, na Lei nº 11.291/98.
2º - A descrição analítica do Oficial Artífice, constante do Anexo II da Lei nº 11.291/98, fica acrescida do subitem "b.11", com a seguinte redação:
"...
b.11) funções de operação de som: operar a aparelhagem de gravação e sonorização ambiente nas salas de sessões; dar apoio técnico aos taquígrafos e aos estenotipistas durante as sessões e audiências; instalar, controlar, organizar equipamentos de sonorização do Tribunal, realizando sua manutenção preventiva e pequenos consertos; executar tarefas afins."
Art. 5º - A parte final do *caput* do art. 24 da Lei nº 11.291/98, passa a vigorar com a seguinte redação:
"Art. 24 - ..., que se extinguirão à medida que ocorrerem promoções à classe seguinte."
Parágrafo único - Os efeitos do presente artigo retroagem à data da publicação da Lei nº 11.291/98.

Art. 6º - Ficam criadas, no Quadro dos Serviços Auxiliares da Justiça de 1º Grau, a que se refere a Lei nº 7.896, de 24 de janeiro de 1984, as seguintes funções gratificadas:
I - três funções de Chefe da Central de Mandados, padro FG-PJ-A;
II - duas funções de Oficial Escrevente Auxiliar de Juiz, Padro FG-PJ-D, para lotação em Comarcas de Entrância Inicial.
Parágrafo único - As funções constantes no inciso I serão lotadas, unitariamente, nas seguintes comarcas: Caxias do Sul, Novo Hamburgo e Passo Fundo.
Art. 7º - O parágrafo único do art. 11 da Lei nº 7.896/84, passa a vigorar com a seguinte redação:
"Art. 11 - ...
Parágrafo único - Independentemente da entrância, o requisito de habilitação funcional para o provimento de cargo de Escrivão, salvo a hipótese do art. 10, será necessariamente o diploma de bacharel em Direito."
Art. 8º - As alíneas "a" e "d" do art. 29 da Lei nº 7.305, de 6 de dezembro de 1979, alterada pelas Lei nºs 8.766, de 21 de dezembro de 1988, 10.972, de 29 de julho de 1997 e 11.141, de 4 de maio de 1998, passam a vigorar com as seguintes redações:
"a) de 20% (vinte por cento) aos Oficiais de Justiça que cumprirem mandados de natureza cível.
...
d) de 45% (quarenta e cinco por cento) aos Oficiais de Justiça que cumprirem exclusivamente mandados de natureza criminal, aos Oficiais de Proteção da Infância e da Juventude e aos Comissários de Vigilância."

CAPTULO IV - DISPOSIÇÕES FINAIS

Art. 9º - O parágrafo único do art. 5º da Lei nº 11.133, de 15 de abril de 1998, passa a ter a seguinte redação:
"Art. 5º - ...
Parágrafo único - Não integram as Câmaras o Presidente, os Vice-Presidentes e o Corregedor-Geral da Justiça."
Art. 10 - As alterações de que trata esta Lei ficam condicionadas ao atendimento do previsto na Lei Complementar Federal nº 101, de 4 de maio de 2000.
Art. 11 - As despesas decorrentes da execução da presente Lei correrão à conta de dotações orçamentárias próprias.
Art. 12 - Esta Lei entra em vigor na data de sua publicação.

Art. 13 - Revogam-se as disposições em contrário, em especial o art. 10, da Lei nº 9.880, de 14 de maio de 1993; o parágrafo único do art. 41 da Lei nº 7.356, de 1980 (COJE) e o art. 3º da Lei nº 10.780, de 1996.

PALÁCIO PIRATINI, em Porto Alegre, 28 de novembro de 2002.

OLÍVIO DUTRA
Governador do Estado.

LEI Nº 11.984, DE 09 DE OUTUBRO DE 2003.

Altera o inciso V do art. 84 e o inciso I do art. 87 da Lei nº 7.356/80 - Código de Organização Judiciário do Estaodo.

O Governador do Estado do Rio Grande Do Sul.

Faço saber, em cumprimento ao disposto no artigo 82, inciso IV, da Constituição do Estado, que a Assembléia Legislativa aprovou e eu sanciono e promulgo a Lei seguinte:

Art. 1º - O inciso V do art. 84 e o inciso I do art. 87 da Lei nº 7.356, de 1º de fevereiro de 1980, passam a vigorar com a seguinte redação:
"Art. 84 - ...
V - dezesseis (16), nas Varas de Fazenda Pública, denominadas de 1ª a 8ª, com competência nos feitos em que for parte o Estado do Rio Grande do Sul e o Município de Porto Alegre, ou suas autarquias, empresas públicas e fundações de direito público, bem como naqueles em que forem partes outros municípios e suas entidades, quando ajuizados no Foro da Capital;
..."
"Art. 87 - ...
I - processar e julgar as seguintes causas cíveis, de valor não excedente a sessenta (60) vezes o salário mínimo, vigente à data de ajuizamento da demanda, ressalvadas as de competência dos Juízes de Direito:
..."
Art. 2º - Esta Lei entra em vigor na data de sua publicação.
Art. 3º - Revogam-se as disposições em contrário.

PALÁCIO PIRATINI, em Porto Alegre, 09 de outubro de 2003.

Índice Analítico

Administração   art. 59
Assistência Judiciária Oficial   arts. 272/273
   atribuições   art. 274
Assistentes Sociais Judiciários   art. 123
Atendentes judiciários   art. 117
Audiências   arts. 170/184
Auditores   arts. 263/268
Auditorias   arts. 261/262
Auditores   arts. 263/268
Avaliadores   art. 124

Câmaras Cíveis Separadas   art. 26
Câmaras Criminais Reunidas
   funcionamento   arts. 19/20
   número mínimo   art. 19
Câmaras Criminais Separadas
   Presidência   art. 27
   substituição de Desembargadores   art. 28
Câmara Especiais   art. 29
Câmaras Separadas
   composição   art. 24
   quorum   art. 25
Cartório
   atribuições dos auxiliares   art. 278
Comarcas
   classificação   art. 4º
   competência   arts. 81/82
   criação   arts. 199/201
   estrutura   arts. 205/206
   divisão   art. 80
   registro imobiliário de P.Alegre   art. 211
   regras para criação   art. 3º

Classificação dos Serviços   arts. 90/98
Comissários
   de Menores   art. 120
   de Vigilância   art. 121
Conselhos Especiais ou Permanentes   art. 253
   competência   art 259
Conselho de Justiça   art. 247
   competência   art. 259
   composição   art. 256
   instalação   art. 252
   organização   art. 247
Conselho de Magistratura   art. 37
   atribuições   art. 38
   composição   art. 37
   regime de exceção em Comarcas   art. 39
Corregedoria-Geral da Justiça   art. 40
   Corregedor-Geral   arts. 44/45
   eleições   art. 40
   estrutura   arts. 40/43
   férias   arts. 41/42
   militar   art. 245
   corregedores   art. 43
Correição Parcial   art. 195

Depositários   art. 122
Disciplina Judiciária   arts. 291/296
Disposições diversas   arts. 156/158
Distribuição Serviço Forense   arts. 161/169
Divisão Judiciária   art. 230
   Escrivão   arts. 2º/3º/4º
   Escrevão atribuições art. 276

Expediente   arts. 158/160
Estatuto da Magistratura
   aplicação   arts. 281

Férias
   Juízes   art. 189
   Servidores   arts. 190/194
   Foro extra judicial   art. 191
   Foro Judicial   arts. 190/194

114

Tribunais   art. 185
Forenses   arts. 186/188
Foro Expediente   art. 159/160
Foro extrajudicial
   atribuições   art. 149
   organização   art. 125
   Tabeliães funções   art. 126/137
Foro Judicial   art. 101
   atribuições   art. 149
   funções gratificadas   art 102
Funcionamento dos órgãos judiciários   arts. 158/160

Grupos Cíveis
   formação   art. 21
   número mínimo   art. 22
   Presidência   art. 23
Grupos Criminais   art. 53

Impedimentos   arts. 150/154
Incompatibilidades da justiça comum   arts. 150/154/285
Interrupções do Exercício   arts. 287

Juízes
   acesso à presídios   arts. 218
   Auditores   arts. 263
   Auditores Substitutos   art. 264
   Direito   arts. 73/86
   Paz   art. 89
   Férias   art. 189
   Militares arts. 248/249
Justiça Comum
   Administração   art. 1º
Justiça Militar
   Composição   art. 232
   Divisão Judiciária/RS   art. 230
   Órgãos Judiciários   art. 231
   Tribunal   art. 6º
Licenças   art. 287

Mandatos   art. 229
Ministério Público   art. 271

Oficiais
Ajudantes   arts. 114/115
Justiça   art. 118
Distritais   arts. 146/147
Escreventes   art. 116
Registros Civil   art. 140/143
Registros especiais   art. 145
Registros públicos   art. 144
Organização judiciária   art. 231
Organização dos Conselhos de Justiça   art. 247/248

Presidência
Conselho de justiça   arts. 260
Tribunal de Justiça   arts. 30/32
Tribunal de Militar   art. 241
Pretores art. 87
Protestos Cambiais arts. 143

Registro Civil de Pessoas Jurídicas   art. 141
Registro Civil de Pessoas Naturais   art. 140
Registro de Imóveis   arts. 138/139
Registro de Títulos e Documentos   arts. 142/143
Registros Especiais   art. 145
Registros Públicos   art. 144

Seção Cível   art. 14
Seção Criminal   art. 18
Serviços Auxiliares de Justiça   arts. 90/98
Serviços Auxiliares de Justiça Militar   art. 275
Servidores da Justiça   art 103
   Impedimentos   art. 155
   Incompatibilidade   art. 157
   Preferências   art. 156
   Remoção Servidores   arts. 220/226
Substituição do Tribunal Militar   arts. 235/240
Substituição na Justiça Militar   art. 286

Tabeliães   arts. 126/137
Transformação de Cartórios em Cartórios Cíveis   art. 214
Transformação de Varas em Varas Cíveis   art. 214

Tribunal da Justiça Militar
Afastamento Juiz por mais de 30 dias   art. 236
Assistência Judiciária   art. 274
Auditorias   arts. 261/262
Competência   art. 234
Composição   arts. 232/233
Corregedoria   art. 245
Escrivães   art. 276
Habeas Corpus   arts. 234/237
Juízes auditores   art. 263
Ministério Público   art. 271
Organização Judiciária   art. 231
Presidência   art. 241
Tribunal de Justiça
Competência   art. 90
Competência do Presidente   art. 32
Competência do Vice-Presidente   art. 34/36
Composição   art. 6º/7º
Constituição Seção Cível   art. 14
Constituição Seções Criminais e Civeis   art. 8º
Tribunal do Júri
Funcionamento   art. 69
Reuniões   art. 70/71
Tribunal Pleno
Composição   art. 12/13
Regras para funcionamento   art. 10

livraria DO ADVOGADO editora

maior acervo de livros jurídicos nacionais e importados

Rua Riachuelo 1338
Fone/fax: 0800-51-7522
90010-273 Porto Alegre RS
E-mail: livraria@doadvogado.com.br
Internet: www.doadvogado.com.br

Entre para o nosso *mailing-list*

e mantenha-se atualizado com as novidades editoriais na área jurídica

Remetendo o cupom abaixo pelo correio ou fax, periodicamente lhe será enviado gratuitamente material de divulgação das publicações jurídicas mais recentes.

✂―――――――――――――――――――――――――――――

Sim, quero receber, sem ônus, material promocional das NOVIDADES E REEDIÇÕES na área jurídica.

)me: _____

d.: _____

:P: _____-_____ Cidade _____ UF:____

ne/Fax: _____ Para receber pela Internet,
                          informe seu **E-mail**: _____

―――――――――――――――――
assinatura

Visite nosso *site*

www.doadvogado.com.br

Cartão Resposta
247/81-DR/RS
Livraria do Advogado
CORREIOS

CARTÃO RESPOSTA
NÃO É NECESSÁRIO SELAR

O SELO SERÁ PAGO POR
LIVRARIA DO ADVOGADO LTDA.
90012-999 Porto Alegre RS